읽기만 해도

저절로 외워지는

조이스 박 · 글
영문학과 영어교육학(TESOL)을 전공했으며, 대학에서 교양 영어를 가르친다. 영어 학습서 저술과 영어 교강사 연수 강사로도 활동한다. 박사 세부전공으로 리터러시를 공부했으며, 얼리 리터러시에 관심을 가지고 관련 강연과 교사 연수를 하고 있다. 서울시 교육청, 경북 교육청 및 YBM교사연수원에서 리딩 강의, 고려 사이버대 미래교육원 및 YBM시사주니어 내부 테솔 과정에서 강의하는 등 영어 교육과 관련하여 활발히 활동하고 있다.
지은 책으로 《박스만 채우면 영어회화가 되는 BOX ENGLISH》, 《빨간모자가 하고 싶은 말》, 《내가 사랑한 시옷들》, 《빨강 머리 앤과 함께하는 영어》를 비롯해 10여 권의 영어 학습서와 영어 동화 시리즈가 있으며, 옮긴 책으로 《행복의 나락》, 《달님이 보여준 세상》, 《로버랜덤》, 《2가지 언어에 능통한 아이로 키우기》, 영어 동화 <리드 얼라우드> 시리즈, 《나의 첫 번째 행성 이야기》 등이 있다.

김지원 · 그림
일러스트레이터, 작가이자 패키지 디자이너, 아트디렉터 등으로 활동하며 다양하고 폭넓은 디자인을 선보이고 있다. 또한 캐릭터 제작, 무대 및 소품 디자인, 공연 홍보, 웹진 제작 등 다방면에서 활발히 활동 중이다. LG애드 광고대상을 받았으며, 저서로는 《사랑하기 딱 좋은 날》, 《내 친구 도비》, 《날아라 번개맨》 등이 있다.

읽기만 해도 **저절로** 외워지는
초등 영단어 ②

초판 1쇄 인쇄 2022년 2월 15일
초판 1쇄 발행 2022년 2월 21일

글 조이스 박
감수 Andrea Schnitzer
그림 김지원
펴낸이 박수길
펴낸곳 (주)도서출판 미래지식
편집 김아롬, 박선영, 이수정, 이혜진
디자인 프리즘씨 | 오현정, 전다혜, 이슬, 이소희

주소 경기도 고양시 덕양구 통일로 140 삼송테크노밸리 A동 3층 333호
전화 02)389-0152
팩스 02)389-0156
홈페이지 www.miraejisig.co.kr
전자우편 miraejisig@naver.com
등록번호 제2018-000205호

ISBN 979-11-91349-39-9 64740
979-11-91349-37-5 (세트)

* 미래스쿨은 미래지식의 학습 브랜드입니다.

읽기만 해도 저절로 외워지는

초등 필수! 영단어

2

미래스쿨

어떻게 하면 영어 단어를 쉽게 외워서 필요할 때 잘 꺼내어 쓸 수 있을까요? 이런 고민은 영어를 학습하는 학생들뿐만 아니라 영어를 가르치는 선생님들과 또 영어를 어떻게 하면 잘 가르칠지 연구하는 학자들 모두 오랫동안 고민해온 문제입니다.

우리나라에서 영어 단어를 공부하는 방법으로 가장 많이 알려진 것은 단어 목록을 만들어서 줄줄이 암기하는 방법입니다. 영어 교육 전문가들이 '바이링구얼 워드 리스트(bilingual word list)'라고 부르는 이 방법은 표를 그려서 한 줄은 영어 단어를 쓰고, 그다음 줄에는 한국어 뜻을 한두 개 쓴 후 한 번에 10개에서 30개까지 달달 외우는 것입니다. 그리고 몇 개나 외웠는지 단어 시험으로 확인하는 방식이지요.

이런 방식의 단어 암기는 여러 문제가 있습니다. 바로 새로운 단어를 장기 기억에 넣어서 학습으로 연결시켜 주는 게 아니라 작동 기억만 훈련한다는 점입니다. 학습이 일어나려면 단어는 장기 기억 속으로 들어가야 합니다. 즉, 단어를 외우고 며칠 혹은 몇 주 후에 같은 단어를 다시 봤을 때 그 단어를 알고 있어야 한다는 뜻이지요. 하지만 이 방식은 지독하게도 효율이 낮은 방식이기도 하고, 학습자에게 쓸데없이 많은 수고와 고통을 주다 못해 영어가 싫어지게 만들기도 합니다. 단어 스무 개를 외운 직후에 시험이나 연습 문제를 풀고 열다섯 개 이상 맞추었다고 해도 아무런 소용이 없는 것은 시간이 지나면 불과 서너 개 밖에 머리 속에 남아 있지 않기 때문입니다. 그렇다면 또 반복해서 외우게 하면 된다는 선생님들도 있지만, 저는 학습을 그렇게 고통스러운 체험으로 만들고 싶지는 않습니다.

어린이 영어 학습에서 가장 중요한 포인트는 지금 영어를 얼마나 잘하느냐가 아닙니다. 바로 어린이가 영어를 얼마나 좋아하고 영어 학습을 즐거워 하느냐입니다. 어린이 영어 교실에서 가장 중요한 건 'success experience(성공하는 체험)'입니다. 어린이들은 영단어 퀴즈를 잘 맞추거나, 게임을 잘하거나, 율동을 잘하는 등의 활동을 통해 영어 교실에서 긍정적인 체험을 쌓아 나가며 영어가 즐겁고 재미있다는 것을 알아야 합니다. 그렇게 되면 영어는 자연스럽게 학습됩니다.

영어 교육 연구자들이 말하는 단어 학습에 가장 효과적인 방법은 단어들을 주제별 단위로 묶어서 어린이들이 체험하게 하는 것입니다. 즉, 단어들이 들어간 재미있는 이야기를 활용해 아이들이 이야기의 문맥을

이해하며 단어를 자연스럽게 익히고, 흥미로운 스토리를 통해 머리 속 장기기억 안으로 별다른 수고 없이 쏙쏙 들어가게 하는 방법입니다.

《읽기만 해도 저절로 외워지는 초등 영단어2》는 이런 스토리텔링 학습법을 통해 어린이들이 이야기를 읽기만 해도 단어가 저절로 외워지는 효율적인 학습이 가능하도록 구성했습니다. 완이라는 개구쟁이 남자 아이를 주인공으로 한 네 컷 만화에서는 완이의 친구와 가족 등 다양한 인물들이 등장하며 일상생활에서 일어나는 다양한 상황을 그렸습니다. 그리고 그 이야기 안에는 키워드 영단어가 들어 있어서 어린이들은 만화를 읽기만 해도 자연스럽게 주요 영단어와 친숙해집니다. 반복적으로 노출된 영단어는 연습 문제들을 통해 다시 한번 읽고 쓰면서 효과적으로 익힐 수 있습니다.

네 컷 만화에서 부족한 스토리는 '완이의 일기'를 통해 좀 더 재미있게 풀었습니다. 이를 통해 우리가 사용하는 우리말과 영어의 깊이 있는 뉘앙스를 자연스럽게 구분할 수 있고, 일상에서 영단어를 활용할 수 있는 힘을 키워 줍니다.

이 책은 교육부에서 지정한 초등학교 필수 영단어를 하루에 다섯 개씩, 30일 동안 150개의 어휘를 학습할 수 있도록 구성했습니다. 주요 단어 외에도 함께 알아두면 좋은 단어 120개와 문장에 활용한 기타 단어들까지 합하면 300여 개의 단어를 익힐 수 있습니다. 이처럼 즐거운 방법으로 어휘를 익히는 방법을 깨우치면, 앞으로 멀리 또 오래 걸어야 하는 영어 학습의 여정은 아주 든든해집니다. 이 책으로 영어 단어를 공부하는 모든 어린이에게 다정한 눈짓과 미소를 보냅니다. 부디 영어를 신나게 즐겨 주세요.

지은이 **조이스 박**

읽기만 해도 저절로 외워지는 초등 영단어

이렇게 구성했어요

1 스토리로 기억하는 신나는 암기법

영어 스펠링과 단어의 뜻을 쓰며 달달 외우는 학습은 힘들고 지루한 학습 방법입니다. 또, 그렇게 외운 단어는 오래 기억하기도 힘듭니다. 반면, 재미있는 스토리를 통해 단어를 접한다면 더욱 효과적으로 오래 기억할 수 있습니다. 이야기로 만난 영어 단어는 자연스럽게 그 뜻을 알 수 있으며, 단어를 접할 때면 이야기가 연관되어 힘들이지 않고 기억할 수 있습니다.

2 문장 속 단어를 익혀 활용도를 높이기

단어를 많이 알고 있다고 해서 그 단어를 잘 사용할 수 있는 것은 아닙니다. 단어와 뜻만 안다고 영어 문장을 구사할 수는 없기 때문입니다. 이 책은 이야기의 문맥을 이해하여 단어의 뜻과 함께 어떤 상황에서 사용하는지 그 쓰임도 익힐 수 있게 구성했습니다. 이처럼 단어의 쓰임을 알아야 회화에서도 리딩에서도 단어를 적극적으로 활용할 수 있습니다.

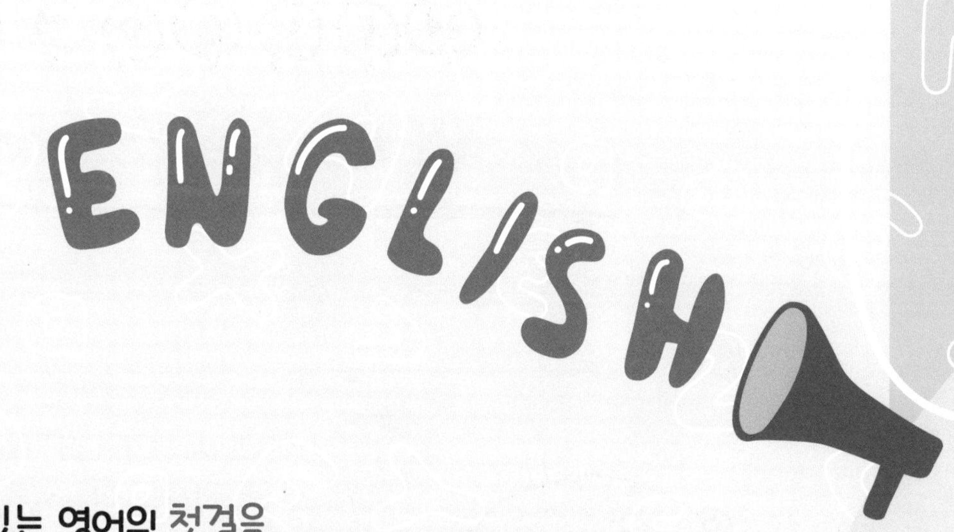

3 신나고 재미있는 영어의 첫걸음

처음 영어를 배우는 아이들이 영어는 외울 게 많은 힘든 과목이라고 생각한다면, 영어 실력이 향상되기는 어렵습니다. 초등학생이 흥미를 갖고 몰입할 수 있는 학습법을 활용해 영어는 즐거운 학습이라는 것을 알려 줘야 합니다. 이 책은 친근한 캐릭터들이 등장해 재미있는 이야기를 들려주듯 학습을 유도합니다. 무엇보다 단순 암기는 최대한 줄이고, 이야기를 읽고 상황을 이해하는 방식으로 단어를 체화하는 학습법을 강조했습니다.

4 초등 필수 영단어 300여 개 수록

영어를 막 시작한 초등학생들이 꼭 알아야 할 필수 영단어를 5종 교과서를 바탕으로 선정해 담았습니다. 필수 영단어를 익히면 학교 영어 과목에 자신감이 생기고, 외운 단어가 기초가 되어 심화 학습이 가능합니다. 이 책을 통해 매일 5개씩 영단어를 익히면 30일동안 150개의 필수 영단어를 익힐 수 있습니다. 더욱이 함께 알아두면 좋은 단어 등도 같이 익히면 모두 300여 개 이상의 단어를 공부할 수 있습니다.

우리 가족을 소개해요

완이

Hi! 만나서 반가워, 친구들!
난 궁금한 것도, 하고 싶은 것도, 먹고 싶은 것도 정말 많은 초등학생이야. 늘 신나고 재미있는 일을 찾아 다니며 호기심을 불태우고 있어. 이번 학기에는 영단어를 확실하게 공부해볼까 해. 어때, 나와 함께하지 않을래?

완이 엄마

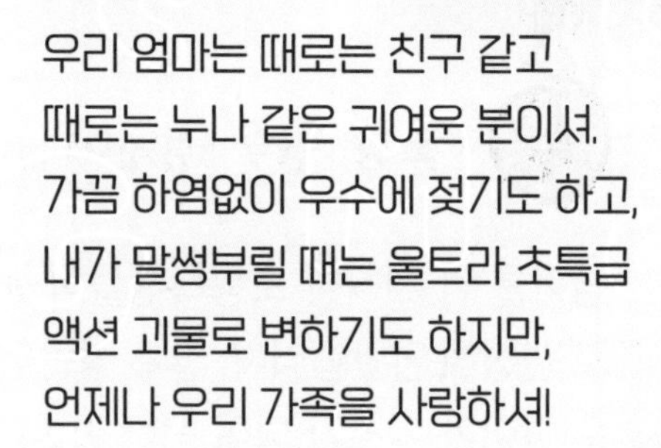

우리 엄마는 때로는 친구 같고
때로는 누나 같은 귀여운 분이셔.
가끔 하염없이 우수에 젖기도 하고,
내가 말썽부릴 때는 울트라 초특급
액션 괴물로 변하기도 하지만,
언제나 우리 가족을 사랑하셔!

우리 아빠의 직업은 배우야.
음, 믿을 수 없다고?
배우라고 해서 꼭 멋있게 생길 필요는
없잖아? 쉬는 날이면 우리를 위해
열심히 요리도 해 주시는 멋쟁이 아빠야!

써니

내 하나뿐인 여동생 써니는 그림
그리는 것과 노래 부르는 것을 좋아해.
커서 아이돌 가수가 되고 싶다는데,
그 낮은 가능성에 도전하는
그녀의 용기에 박수를!

할머니와 할아버지

소녀 같은 우리 할머니와
언제나 허허 웃으시는 우리 할아버지!
두 분을 생각하면 항상 마음 한 곳이 몽글몽글해져.
엄마에게 혼날 위급한 순간이 오면,
항상 우리 편을 들어주신다니까!

호야

내 소꿉친구 호야는 평소에 조용하고
수줍음이 많아. 가끔 무슨 생각을
하는지 알 수 없는 표정을 짓지만,
나에게는 언제나 친절한 미소를 보내 줘.

멍뭉이

반려견 멍뭉이는 내가 부르면
콧방귀를 뀌며 쳐다보지도 않아.
아마도 나를 자기의 애완동물쯤으로
생각하는 것 같아. 그래도 내가
사랑하는 우리 가족이야!

준이

놀이터 친구 준이는
나랑 제일 친한 친구야.
가끔 멍한 표정으로
나를 깜짝 놀라게 하는
특별한 재능이 있지.

이렇게 활용하세요

STEP 1

재미있는 만화를 읽으며 단어를 확인해요.
QR 코드를 찍으면 원어민의 목소리로
만화 내용을 들을 수 있어요.

STEP 2

만화 속에 나온
단어들의 뜻을
이미지와 함께 확인해요.

주요 단어를
원어민의 발음으로
들어 봐요.

Day 01
비가 오면

umbrella
jump
into
water
fun

· open 펼치다

16

STEP 1 다음 그림을 보고 이야기를 들으면서 단어를 확인하세요.

❶ It rains.
비가 와요.

❷ Wan opens his umbrella.
완이는 우산을 펼쳐요.

❸ Wan jumps into the water. It's fun!
완이는 물 속으로 뛰어들어요. 재미있어요!

❹ "Where is my umbrella?"
"내 우산 어디 있지?"

STEP 2 단어의 소리와 뜻을 확인하세요.

umbrella	jump	into	water	fun
우산	뛰어오르다	-안으로	물	재미있는

STEP 3 완이의 일기에 나오는 단어를 따라 쓰세요.

나는 비가 오면 재빨리
umbrella를 쓰고 밖으로 나가.
그리고 주변을 둘러보면…, 찾았다!
신나게 water로 into.
물 웅덩이에서 jump하는 건 정말 fun해!
그런데 내 우산은 어디로 갔지?

Day 01 비가 오면 17

회화에서 자주 쓰이는
그밖의 단어도 확인해요.

STEP 3

한글과 영어를 함께 사용하기 좋아하는 완이의 일기를
통해 자연스럽게 문맥 속 단어의 뜻과 맥락을 이해해요.
재미있게 일기를 읽으며 영단어를 따라 써요.

STEP 4

빈칸을 채우면서 단어의 철자를
정확하게 익혀요.

STEP 6

이야기의 흐름을 되새기며
단어를 써 봐요.

STEP 5

수수께끼를 풀듯이 단어 뜻을 알아맞히는 문제를
통해 단어의 뜻을 다양한 방향에서 생각해요.

STEP 7

중요 단어와 관련 있는
단어들을 함께 알아두며
학습 영역을 넓혀요.

Review TEST 1

Day 01 - Day 05

5일간 공부한 단어들을
복습하며 다시 한번 익혀요.

저절로 학습 계획표

Day / Subject	Date	Page
Day 01 비가 오면	______ 월 ______ 일	16
Day 02 다양한 소리	______ 월 ______ 일	20
Day 03 치과에서	______ 월 ______ 일	24
Day 04 숙제 먼저? 게임 먼저?	______ 월 ______ 일	28
Day 05 책과 TV	______ 월 ______ 일	32
Review TEST 1	______ 월 ______ 일	36
Day 06 큰 게 좋아요!	______ 월 ______ 일	40
Day 07 핑크가 어때서	______ 월 ______ 일	44
Day 08 거대 개미의 악몽	______ 월 ______ 일	48
Day 09 수학보다 미술이 좋아	______ 월 ______ 일	52
Day 10 새 옷이 좋아요	______ 월 ______ 일	56
Review TEST 2	______ 월 ______ 일	60
Day 11 캠핑장에서 제일 무서운 것은?	______ 월 ______ 일	66
Day 12 장난은 그만!	______ 월 ______ 일	70
Day 13 긍정적으로 생각해	______ 월 ______ 일	74
Day 14 내 꿈은 건축가	______ 월 ______ 일	78
Day 15 친구를 도와줘요	______ 월 ______ 일	82
Review TEST 3	______ 월 ______ 일	86

Day / Subject		Date	Page
Day 16	아빠들은 멋있어	____ 월 ____ 일	90
Day 17	점심을 또 먹을래요!	____ 월 ____ 일	94
Day 18	산이 좋아, 강이 좋아	____ 월 ____ 일	98
Day 19	엄마의 평화	____ 월 ____ 일	102
Day 20	멍뭉이는 못 말려!	____ 월 ____ 일	106
	Review TEST 4	____ 월 ____ 일	110
Day 21	나의 영웅	____ 월 ____ 일	116
Day 22	아이스크림은 먹을 수 있어요!	____ 월 ____ 일	120
Day 23	캡틴 완이의 모험	____ 월 ____ 일	124
Day 24	노 키즈, 노 펫	____ 월 ____ 일	128
Day 25	일요일은 아빠와 함께	____ 월 ____ 일	132
	Review TEST 5	____ 월 ____ 일	136
Day 26	엄마가 바라는 것은?	____ 월 ____ 일	140
Day 27	할머니의 시골집	____ 월 ____ 일	144
Day 28	가위, 바위, 보!	____ 월 ____ 일	148
Day 29	깜빡 잠이 들었어요	____ 월 ____ 일	152
Day 30	자꾸만 사라지는 지우개	____ 월 ____ 일	156
	Review TEST 6	____ 월 ____ 일	160
	정답		165

읽기만 해도
저절로 외워지는
초
등
영
단
어

Day 01 ~ Day 10

Day 01
비가 오면

Day 02
다양한 소리

Day 03
치과에서

Day 04
숙제 먼저? 게임 먼저?

Day 05
책과 TV

Review TEST 1

Day 06
큰 게 좋아요!

Day 07
핑크가 어때서

Day 08
거대 개미의 악몽

Day 09
수학보다 미술이 좋아

Day 10
새 옷이 좋아요

Review TEST 2

Day 01

비가 오면

- umbrella
- jump
- into
- water
- fun

· **open** 펼치다

STEP 1 다음 그림을 보고 이야기를 들으면서 단어를 확인하세요.

❶ It rains.
비가 와요.

❷ Wan opens his **umbrella**.
완이는 **우산**을 펼쳐요.

❸ Wan **jumps into** the **water**. It's **fun**!
완이는 **물 속으로 뛰어들어요**. **재미있어요**!

❹ "Where is my umbrella?"
"내 우산 어디 있지?"

STEP 2 단어의 소리와 뜻을 확인하세요.

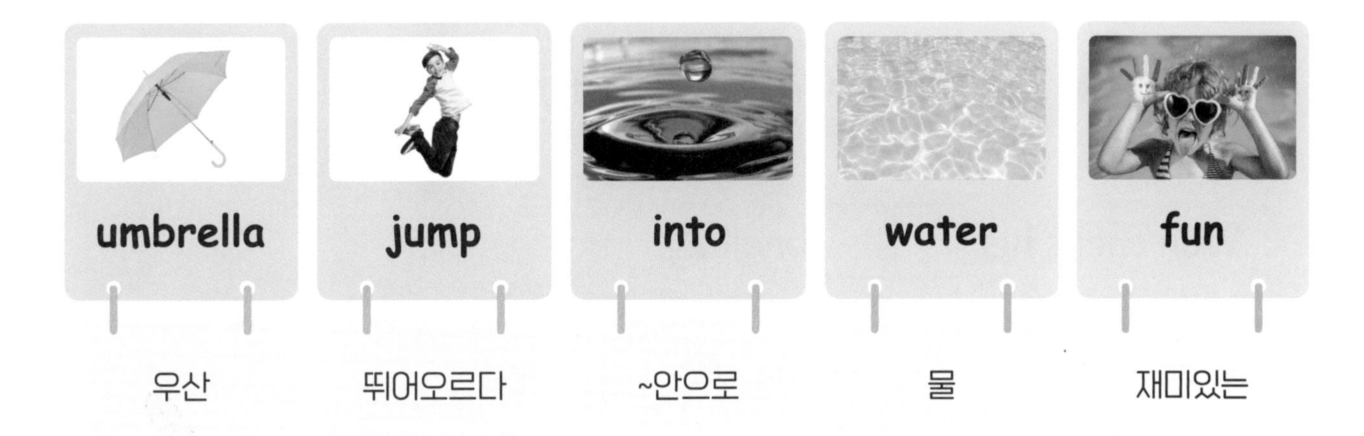

우산	뛰어오르다	~안으로	물	재미있는

STEP 3 완이의 일기에 나오는 단어를 따라 쓰세요.

나는 비가 오면 재빨리

umbrella를 쓰고 밖으로 나가.

그리고 주변을 둘러보면…, 찾았다!

신나게 water로 into.

물 웅덩이에서 jump하는 건 정말 fun해!

그런데 내 우산은 어디로 갔지?

STEP 4 보기 의 단어를 참고하여 빈칸에 알맞은 철자를 쓰세요.

보기 into | umbrella | water | fun | jump

Wan opens his ☐☐brella.

Wan jum☐s int☐ the wa☐☐r.

It's fu☐!

STEP 5 단어와 설명을 보고 알맞은 뜻을 쓰세요.

- umbrella 비가 올 때 펴서 머리 위를 가리는 물건은? ☐
- jump 몸을 날리어 높은 곳으로 오르는 행동은? ☐
- into 어떤 물체의 가운데 쪽으로 가는 것은? ☐
- water 강, 호수, 바다 등에 널리 있는 액체는? ☐
- fun 아기자기하게 즐거운 기분이나 느낌은? ☐

STEP 6 이야기를 생각하며 단어를 쓰세요.

umbrella

jump

into

water

fun

STEP 7 날씨와 관련된 단어를 잘 듣고 쓰세요.

sunny 화창한

sunny

cloudy 흐린

cloudy

snowy 눈이 오는

snowy

foggy 안개가 낀

foggy

Day 02

다양한 소리

- bird
- sing
- cat
- loud
- head

· **noise** 소음, 소리

STEP 1 다음 그림을 보고 이야기를 들으면서 단어를 확인하세요.

1. The bird sings, "Tweet, tweet."
새가 짹짹 노래해요.

2. The cat says, "Meow, meow."
고양이가 야옹야옹 말해요.

3. The dog barks, "Woof, woof."
개가 멍멍 짖어요.

4. Wan is making loud noises.
"Oh, my head!"
완이는 시끄러운 소리를 내지요. "아이고, 머리야!"

STEP 2 단어의 소리와 뜻을 확인하세요.

bird

새

sing

노래하다

cat

고양이

loud

시끄러운, 큰

head

머리

STEP 3 완이의 일기에 나오는 단어를 따라 쓰세요.

동물 소리 흉내는 정말 재밌어!

bird는 짹짹 sing!

cat은 야옹! 강아지는 멍멍!

짹짹, 야옹, 멍멍!

내가 내는 loud 소음에

엄마는 head가 지끈지끈!

STEP 4 보기 의 단어를 참고하여 빈칸에 알맞은 철자를 쓰세요.

보기 cat | bird | sing | head | loud

The b☐rd si☐gs, "Tweet, tweet."

The c☐t says, "Meow, meow."

Wan is making lo☐d noises.

"Oh, my h☐ad!"

STEP 5 단어와 설명을 보고 알맞은 뜻을 쓰세요.

- ☑ bird 몸에 깃털이 있고 다리가 둘이며 날아다니는 동물은? ☐
- ☑ sing 음악을 목소리로 부르는 행동은? ☐
- ☑ cat '야옹!' 하고 울며 사뿐사뿐 걸어 다니는 동물은? ☐
- ☑ loud 듣기 싫게 떠들썩한 상태는? ☐
- ☑ head 얼굴을 포함하며 머리털이 있는 부분은? ☐

STEP 6 이야기를 생각하며 단어를 쓰세요.

bird

sing

cat

loud

head

STEP 7 동물 울음소리에 관련된 단어를 잘 듣고 쓰세요.

meow 야옹

meow

woof 멍(컹)

woof

moo 음매

moo

QUACK

quack 꽥

quack

Day 03

치과에서

- dentist
- hear
- through
- window
- away

· **smile** 웃다, 미소 짓다

STEP 1 다음 그림을 보고 이야기를
들으면서 단어를 확인하세요.

① Wan is at the **dentist**'s.
완이는 **치과**에 있어요.

② Wan can **hear**, "Arrrgh!"
완이는 "아악!" 하는 소리를 **들어요**.

③ The dentist is smiling **through** the **window**.
창문을 통해서 의사 선생님이 웃고 있어요.

④ "Mom, let's run **away** now!"
"엄마, 우리 지금 **다른 데로** 도망가요!"

STEP 2 단어의 소리와 뜻을 확인하세요.

dentist	hear	through	window	away
치과, 치과의사	듣다	~을 통해서	창문	다른 데로, 떨어져

STEP 3 완이의 일기에 나오는 단어를 따라 쓰세요.

이가 아파서 dentist에 갔어.

그런데 무서운 소리를 hear했어.

조용히 window를 through해서 보았지.

분명히 치과의사 선생님은 웃고 계셨어!

맙소사! 이건 호러 영화의 한 장면이잖아!

DENTIST

엄마, 지금 당장 away 도망쳐야 한다고요!

STEP 4 보기 의 단어를 참고하여 빈칸에 알맞은 철자를 쓰세요.

보기 through | dentist | away | hear | window

Wan is at the denti[ ][ ]'s.

Wan can he[ ]r, "Arrrgh!"

The dentist is smiling t[ ]rough the windo[ ].

"Mom, let's run a[ ][ ]y now!"

STEP 5 단어와 설명을 보고 알맞은 뜻을 쓰세요.

- dentist 아픈 이를 고쳐주거나 잇몸을 치료하는 의사는? [ ]
- hear 귀를 통해 소리를 알아차리는 행동은? [ ]
- through 어떤 것을 거쳐서 지나가는 것은? [ ]
- window 밖을 내다볼 수 있도록 벽이나 지붕에 낸 문은? [ ]
- away 이곳이 아닌 장소로 거리를 두고 향하는 상태는? [ ]

STEP 6 이야기를 생각하며 단어를 쓰세요.

dentist

hear

through

window

away

STEP 7 위치와 관련된 단어를 잘 듣고 쓰세요.

in ~ 안에

in

on ~ 위에

on

next to ~ 옆에

next to

under ~ 아래에

under

Day 04

숙제 먼저? 게임 먼저?

- ☑ today
- ☑ homework
- ☑ tomorrow
- ☑ promise
- ☑ game

STEP 1 다음 그림을 보고 이야기를 들으면서 단어를 확인하세요.

❶ **"My teacher was angry today."**
"오늘 선생님이 화나셨어요."

---

❷ **"I didn't do my homework."**
"제가 숙제를 안 했거든요."

---

❷ **"I'll do homework for tomorrow! I promise!"**
"내일 숙제는 할 거예요! 약속해요!"

---

❹ **"So… can I play some games now?"**
"그러니까… 지금은 게임 좀 해도 돼요?"

· **was** ~였다 'is(~이다)의 과거'

· **do homework** 숙제하다

STEP 2 단어의 소리와 뜻을 확인하세요.

오늘 숙제 내일 약속하다 게임

STEP 3 완이의 일기에 나오는 단어를 따라 쓰세요.

today 선생님에게 혼났지 뭐야.

내가 homework를 안 해갔거든.

그래, 결심했어. tomorrow 숙제는 꼭 할 거야.

엄마와 promise도 했어.

그러니까 그 전에

game을 좀 해도 되겠지?

STEP 4 보기 의 단어를 참고하여 빈칸에 알맞은 철자를 쓰세요.

보기 tomorrow | today | homework | game | promise

"My teacher was angry [ ]oday."

"I didn't do my hom[ ][ ]ork."

"I'll do homework for tomor[ ]o[ ]!

I prom[ ][ ]e!"

"So··· can I play some gam[ ]s now?"

STEP 5 단어와 설명을 보고 알맞은 뜻을 쓰세요.

- today 지금 지나가고 있는 이날은? [ ]
- homework 복습이나 예습을 위해 방과 후에 내 주는 과제는? [ ]
- tomorrow 오늘의 바로 다음 날은? [ ]
- promise 다른 사람과 앞으로의 일을 미리 정하는 일은? [ ]
- game 컴퓨터나 스마트폰으로 승부를 겨루는 놀이는? [ ]

STEP 6 이야기를 생각하며 단어를 쓰세요.

today

homework

tomorrow

promise

game

STEP 7 시간의 때와 관련된 단어를 잘 듣고 쓰세요.

yesterday 어제

yesterday

now 지금

now

tonight 오늘 밤에

tonight

later 나중에

later

Day 05

책과 TV

- book
- sleepy
- never
- ask
- feel

· **always** 항상

STEP 1 다음 그림을 보고 이야기를
들으면서 단어를 확인하세요.

1. Wan reads a **book**.
   완이가 **책**을 읽어요.

2. Wan is **sleepy**.
   완이는 **졸려요**.

3. Wan watches TV.
   Watching TV **never** makes Wan sleepy.
   완이가 TV를 보아요. TV를 보면 **절대** 졸립지 않아요.

4. Wan **asks**, "Why do I always **feel** sleepy when I read?"
   완이가 **물어요**,
   "나는 왜 책만 읽으면 항상 졸립다고 **느끼는 걸까**?"

STEP 2 단어의 소리와 뜻을 확인하세요.

book	sleepy	never	ask	feel
책	졸린	결코 ~않다	묻다	느끼다

STEP 3 완이의 일기에 나오는 단어를 따라 쓰세요.

아주 미스터리한 일이야.

텔레비전을 볼 때는 never 졸립지 않은데,

신기하게 책만 read하면

sleepy하다고 feel이 온다니까!

나만 그런 건지 사람들에게 정말 ask하고 싶다!

STEP 4 보기 의 단어를 참고하여 빈칸에 알맞은 철자를 쓰세요.

보기 feel | sleepy | ask | book | never

Wan reads a bo☐k.

Wan is sle☐py.

Watching TV nev☐☐ makes Wan sleepy.

Wan ☐sks,

"Why do I always ☐eel sleepy when I read?"

STEP 5 단어와 설명을 보고 알맞은 뜻을 쓰세요.

- book 종이를 여러 장 묶어서 만든, 읽는 물건은? ☐
- sleepy 눈꺼풀이 무거워지며 자고 싶은 느낌은? ☐
- never 어떤 경우에도 절대로 아닌 것은? ☐
- ask 상대방에게 대답이나 설명을 요구하며 하는 말은? ☐
- feel 감각을 통해 어떤 자극을 깨닫는 것은? ☐

STEP 6 이야기를 생각하며 단어를 쓰세요.

book

sleepy

never

ask

feel

STEP 7 사람의 감정과 관련된 단어를 잘 듣고 쓰세요.

glad 기쁜

glad

funny 웃기는

funny

scared 겁먹은

scared

lonely 외로운

lonely

Review TEST 1

TEST 1 다음 사진에 어울리는 단어를 바르게 연결하세요.

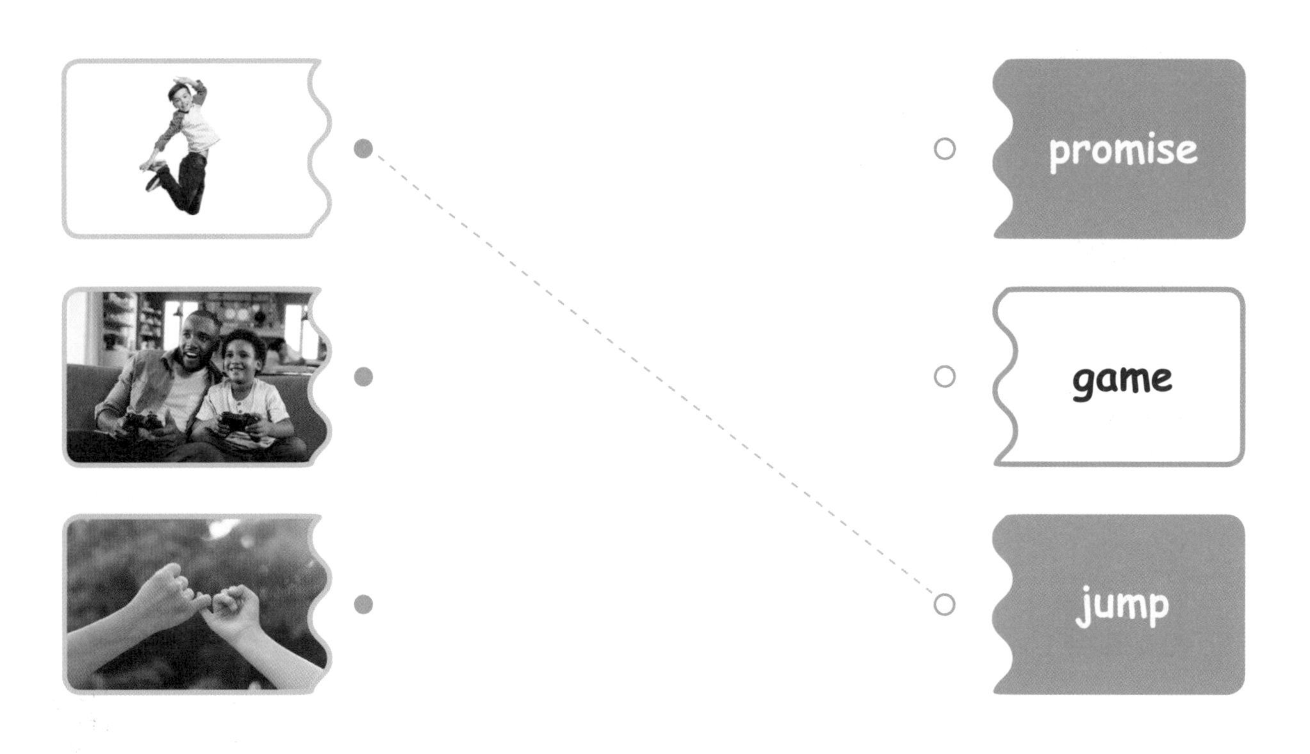

TEST 2 다음 상자에서 뜻에 알맞은 단어를 찾고 철자를 쓰세요.

cahearownintoasky

듣다	묻다	~ 안으로
hear	a_ _	i_ _ _

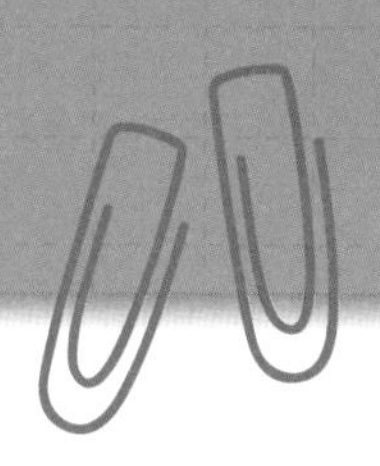

TEST 3 다음 단어에 알맞은 뜻에 동그라미하세요.

loud	never	feel
조용한 | 시끄러운	절대 ~않다 | 좋아하다	만지다 | 느끼다

water	through	happy
물 | 우유	~안에서 | ~을 통해서	슬픈 | 행복한

TEST 4 다음 사진에 알맞은 단어의 철자를 순서대로 쓰세요.

Review
TEST

TEST 5 다음 단어에 어울리는 사진과 뜻을 바르게 연결하세요.

ask		재미있는
umbrella	?	묻다
fun		우산

TEST 6 빈칸에 들어갈 단어를 보기에서 골라 넣으세요.

보기 dentist | hear | through | window | away

이가 아파서 dentist에 갔어. 그런데 무서운 소리를 ________ 했어.

조용히 ________ 를 ________ 해서 보았지.

분명히 치과의사 선생님은 웃고 계셨어!

맙소사! 이건 호러 영화의 한 장면이잖아!

엄마, 지금 당장 ________ 도망쳐야 한다고요!

TEST 7 이야기를 생각하며 다음 문장에 어울리는 단어에 동그라미하세요.

1 It rains. Wan opens his umbrella | window .

2 The dog | bird sings, "Tweet, tweet."

3 The cat | dog says, "Meow, meow."

4 Wan reads a book | television .

TEST 8 다음 상자에서 사진에 어울리는 단어를 찾아서 묶으세요.

1 2

3 4

s	e	a	w	u	w	n	q
j	n	h	i	i	r	e	d
s	s	c	n	o	k	o	w
h	e	a	d	c	t	o	a
j	d	b	o	o	k	a	t
h	g	d	w	e	i	m	e
i	n	w	i	n	t	e	r

Day 06

큰 게 좋아요!

- driver
- drive
- big
- airplane
- subway

STEP 1 다음 그림을 보고 이야기를 들으면서 단어를 확인하세요.

❶ "I want to be a driver! Vroom, vroom!"
"나는 운전사가 될 거예요! 부릉, 부릉!"

❷ "A car driver?"
"자동차 운전사?"

❸ "No! I want to drive something big!"
"An airplane?"
"아니요! 큰 것을 운전하고 싶어요."
"비행기?"

❹ "No, The subway. It is big!"
"아니요, 지하철이에요. 지하철이 크잖아요!"

STEP 2 단어의 소리와 뜻을 확인하세요.

driver

운전사

drive

운전하다

big

큰

airplane

비행기

subway

지하철

STEP 3 완이의 일기에 나오는 단어를 따라 쓰세요.

아빠가 자동차를 drive하는 건 정말 멋져.

나도 커서 아빠처럼 멋진 driver가 될 거야.

하지만 자동차보다는 big한 걸 원해.

하늘을 나는 airplane도 좋지만,

제일 큰 subway를 운전해야지!

STEP 4 보기 의 단어를 참고하여 빈칸에 알맞은 철자를 쓰세요.

보기 big | driver | subway | airplane | drive

"I want to be a driv☐☐!"

"No! I want to dri☐e something bi☐!"

"An airpl☐ne?"

"No, The sub☐ay."

STEP 5 단어와 설명을 보고 알맞은 뜻을 쓰세요.

- ☑ driver 자동차, 열차, 배 등을 운전하는 사람은? ☐
- ☑ drive 기계나 자동차 등을 움직여 모는 일은? ☐
- ☑ big 넓이, 높이, 부피 등이 보통 정도를 넘는 상태는? ☐
- ☑ airplane 공중으로 떠서 날아다니는 탈것은? ☐
- ☑ subway 땅속에 난 전기 철도를 달리는 전동차는? ☐

STEP 6 이야기를 생각하며 단어를 쓰세요.

driver

drive

big

airplane

subway

STEP 7 직업과 관련된 단어를 잘 듣고 쓰세요.

pilot 비행기 조종사

pilot

waiter 웨이터

waiter

dancer 댄서

dancer

farmer 농부

farmer

Day 07

핑크가 어때서

- ☑ gave
- ☑ gift
- ☑ sweater
- ☑ look
- ☑ singer

· trend 유행, 추세

STEP 1 다음 그림을 보고 이야기를 들으면서 단어를 확인하세요.

❶ Grandma **gave** Wan a **gift**.
할머니가 완이에게 선물을 주셨어요.

---

❷ "Oh, no! It is a pink **sweater**!"
"오, 안 돼! 분홍색 스웨터잖아!"

---

❸ "It's a trend. **Look**! You like that **singer**."
"요즘 유행이야. 봐! 너 저 가수 좋아하잖아."

---

❹ "His pants are pink!"
"저 사람 바지도 분홍색이네!"

STEP 2 단어의 소리와 뜻을 확인하세요.

gave	gift	sweater	look	singer
줬다 give(주다)의 과거	선물	스웨터	보다	가수

STEP 3 완이의 일기에 나오는 단어를 따라 쓰세요.

할머니께서 생일 gift로 나에게 sweater를

gave 하셨어. 그런데 색깔이 분홍색이잖아!

Look! 할머니, 전 이 색을 좋아하지 않아요.

그런데 내가 제일 좋아하는 남자 singer가

입은 분홍 바지는 멋져 보이기도 하네!

STEP 4 보기 의 단어를 참고하여 빈칸에 알맞은 철자를 쓰세요.

보기 gift | gave | singer | look | sweater

Grandma ga[ ]e Wan a gi[ ]t.

"Oh, no! It is a pink sw[ ][ ]ter!"

"It's a trend. Lo[ ]k! You like that sin[ ]er."

STEP 5 단어와 설명을 보고 알맞은 뜻을 쓰세요.

- gave 물건 등을 남에게 건네어 가지게 한 것은? [ ]
- gift 기념이나 축하를 위해 남에게 주는 물건은? [ ]
- sweater 털실로 두툼하게 짠 상의는? [ ]
- look 눈으로 물체를 알아차리는 행동은? [ ]
- singer 노래 부르는 것이 직업인 사람은? [ ]

STEP 6 이야기를 생각하며 단어를 쓰세요.

gave

gift

sweater

look

singer

STEP 7 색깔과 관련된 단어를 잘 듣고 쓰세요.

orange 주황색(의)

orange

gray 회색(의)

gray

brown 갈색(의)

brown

purple 자주색(의)

purple

Day 08

거대 개미의 악몽

- ant
- live
- garden
- hunt
- dream

STEP 1 다음 그림을 보고 이야기를 들으면서 단어를 확인하세요.

❶ Ants live in the garden.
정원에 개미들이 살아요.

❷ Wan hunts ants.
완이가 개미들을 사냥해요.

❸ At night, Wan has a dream.
밤에, 완이는 꿈을 꾸어요.

❹ A giant ant comes to Wan.
거대한 개미가 완이를 쫓아오지요.

STEP 2 단어의 소리와 뜻을 확인하세요.

ant	live	garden	hunt	dream
개미	살다	정원	사냥하다	꿈

STEP 3 완이의 일기에 나오는 단어를 따라 쓰세요.

우리 집 garden의 무법자는 바로 나!

ant는 조용히 live하고 있었지만,

무법자인 나는 개미를 hunt했지.

그날 밤, 내 dream에 무시무시한

거대 개미가 나와서 나를 잡아가려 했어!

개미야, 미안해! 잘못했다고!

STEP 4 보기 의 단어를 참고하여 빈칸에 알맞은 철자를 쓰세요.

보기 garden | ant | dream | live | hunt

A☐ts l☐ve in the gard☐n.

Wan h☐nts ants.

At night, Wan has a d☐eam.

STEP 5 단어와 설명을 보고 알맞은 뜻을 쓰세요.

- ant 무리 지어 생활하며 부지런함을 상징하는 곤충은?
- live 생명을 지니고 있는 상태는?
- garden 집 안에 있는 뜰이나 꽃밭은?
- hunt 총이나 활 또는 올가미 등으로 짐승을 잡는 일은?
- dream 잠자는 동안에 여러 가지 사물을 보고 듣는 현상은?

STEP 6 이야기를 생각하며 단어를 쓰세요.

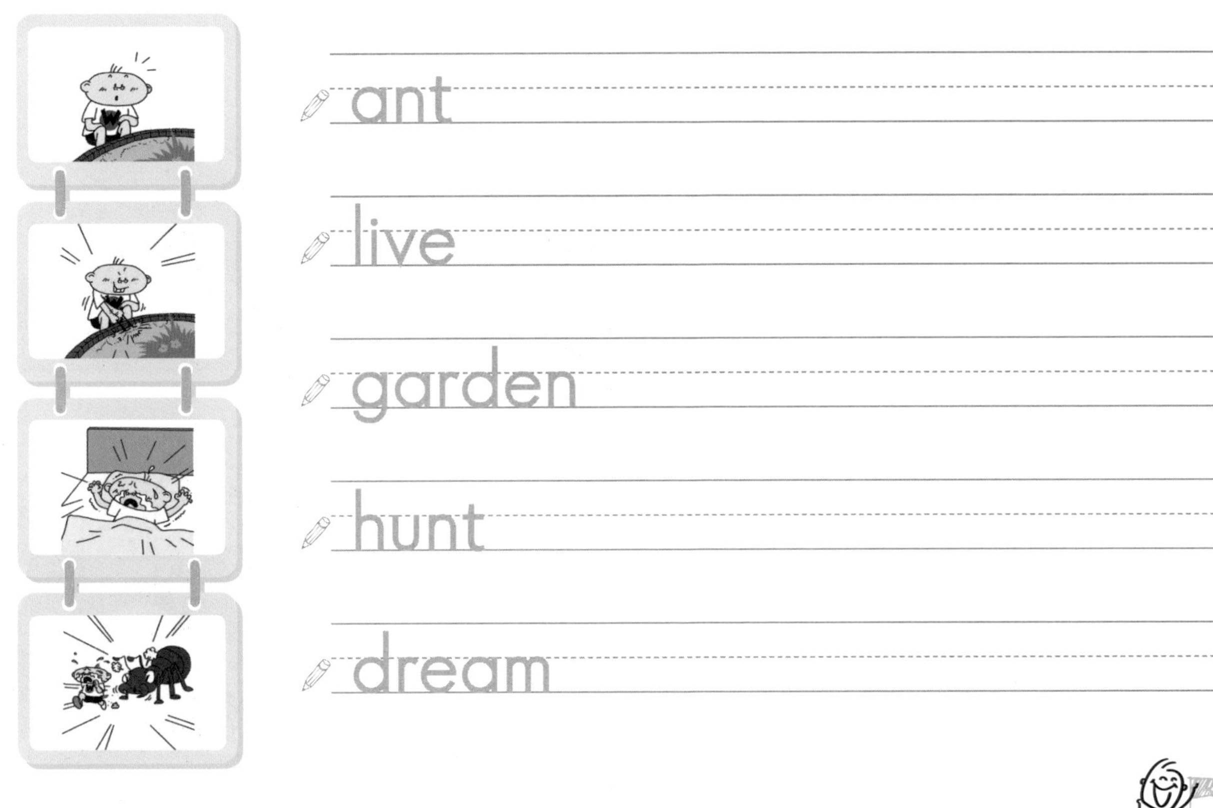

STEP 7 식물과 관련된 단어를 잘 듣고 쓰세요.

tree 나무

tree

grass 풀

grass

plant 식물

plant

seed 씨앗

seed

Day 09

수학보다 미술이 좋아

- ☑ math
- ☑ duck
- ☑ change
- ☑ teacher
- ☑ behind

STEP 1 다음 그림을 보고 이야기를 들으면서 단어를 확인하세요.

❶ Math is boring!
수학은 지루해!

❷ Wan draws a duck.
완이가 오리를 그려요.

❸ "I want to change math to art!"
"수학을 미술로 바꾸고 싶어!"

❹ The teacher says, "A-hem!
Your teacher is behind you, Wan!"
선생님이 말해요.
"에헴! 네 선생님이 뒤에 있다, 완아!"

· boring 지루한, 재미없는
· art 미술

STEP 2 단어의 소리와 뜻을 확인하세요.

math

수학

duck

오리

change

바꾸다

teacher

선생님

behind

뒤에

STEP 3 완이의 일기에 나오는 단어를 따라 쓰세요.

math는 너무 지루해.

나는 미술이 좋은데.

수학시간을 미술시간으로 change하고 싶어.

수학시간에 duck 그림을 그리다가

behind에 계시던 teacher한테 딱 걸렸네.

STEP 4 보기 의 단어를 참고하여 빈칸에 알맞은 철자를 쓰세요.

보기 teacher | behind | math | duck | change

M☐th is boring!

Wan draws a du☐k.

"I want to chang☐ math to art!"

"Your tea☐☐er is b☐hind you, Wan!"

STEP 5 단어와 설명을 보고 알맞은 뜻을 쓰세요.

- math 수에 관하여 배우는 교과목은? ☐
- duck 발가락 사이에 물갈퀴가 있고 부리가 편평한 동물은? ☐
- change 원래 있던 것을 없애고 다른 것으로 대신하는 상황은? ☐
- teacher 학생을 가르치는 사람은? ☐
- behind 무엇의 앞의 반대쪽은? ☐

STEP 6 이야기를 생각하며 단어를 쓰세요.

math

duck

change

teacher

behind

STEP 7 과목과 관련된 단어를 잘 듣고 쓰세요.

Korean (한)국어

Korean

English 영어

English

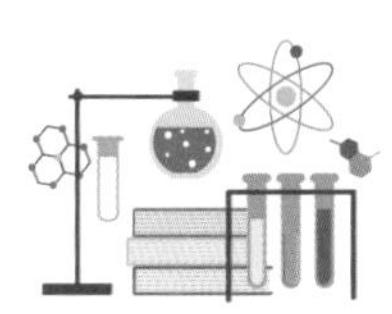

science 과학

science

music 음악

music

Day 10

새 옷이 좋아요

- new
- jacket
- many
- pocket
- snowman

STEP 1 다음 그림을 보고 이야기를 들으면서 단어를 확인하세요.

① "You are wearing a **new jacket**! It's cool!"
"**새 재킷** 입고 있네! 멋지다!"

② "Thanks! It has **many pockets**."
"고마워! 이 재킷은 **주머니**가 아주 **많아**."

③ "Here, here and here are pockets."
"여기도, 여기도 그리고 여기도 주머니가 있지."

④ "Wan, you look just like… a **snowman**!"
"완아, 너 꼭… **눈사람** 같아!"

STEP 2 단어의 소리와 뜻을 확인하세요.

STEP 3 완이의 일기에 나오는 단어를 따라 쓰세요.

오늘은 new jacket을 입고 학교에 갔어.

나는 pocket이 많은 옷이 좋아.

주머니가 many한 옷은 정말 편리하거든.

준이에게 주머니를 모두 뒤집어 보여 줬는데,

어라, snowman이 돼 버렸잖아!

STEP 4 보기 의 단어를 참고하여 빈칸에 알맞은 철자를 쓰세요.

보기 new | pocket | jacket | many | snowman

"You are wearing a ne☐ jack☐t!"

"It has man☐ p☐ckets."

"Wan, you look just like… a s☐owman!"

STEP 5 단어와 설명을 보고 알맞은 뜻을 쓰세요.

- new 지금까지 있었던 적이 없는 것은? ☐
- jacket 앞이 터지고 소매가 달린 짧은 상의는? ☐
- many 일정한 기준을 넘어서 아주 여럿인 것은? ☐
- pocket 자질구레한 물품 등을 넣기 좋게 만든 물건은? ☐
- snowman 눈을 뭉쳐서 사람 모양으로 만든 모형은? ☐

STEP 6 이야기를 생각하며 단어를 쓰세요.

new

jacket

many

pocket

snowman

STEP 7 소지품과 관련된 단어를 잘 듣고 쓰세요.

belt 허리띠

belt

wallet 지갑

wallet

glasses 안경

glasses

sunglasses 선글라스

sunglasses

TEST 1 다음 사진에 어울리는 단어를 바르게 연결하세요.

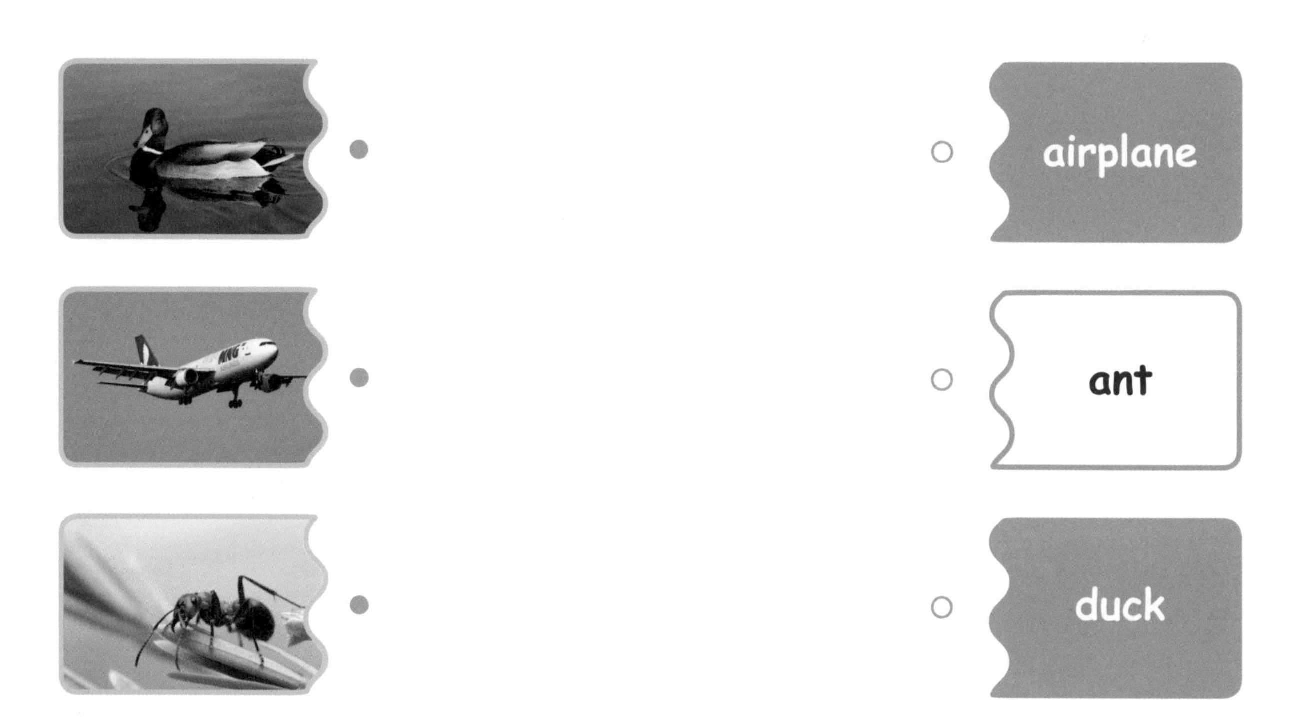

TEST 2 다음 상자에서 뜻에 알맞은 단어를 찾고 철자를 쓰세요.

adnewersbigdreamot

꿈	큰	새로운
dream	b_ _	n_ _

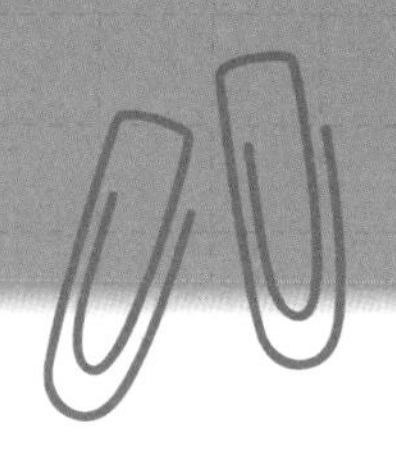

TEST 3 다음 단어에 알맞은 뜻에 동그라미하세요.

drive	live	gift
운동하다 | 운전하다	살다 | 사다	선물 | 주머니

look	gave	driver
보다 | 듣다	받았다 | 줬다	운전사 | 요리사

TEST 4 다음 사진에 알맞은 단어의 철자를 순서대로 쓰세요.

ahtm	sgienr	busyaw
math	s_ _ _ _ _	s_ _ _ _ _

Review TEST

TEST 5 다음 단어에 어울리는 사진과 뜻을 바르게 연결하세요.

teacher		스웨터
sweater		선생님
garden		정원

TEST 6 빈칸에 들어갈 단어를 보기 에서 골라 넣으세요.

보기 new | snowman | many | pocket | jacket

오늘은 new ________ 을 입고 학교에 갔어.

나는 ________ 이 많은 옷이 좋아.

주머니가 ________ 한 옷은 정말 편리하거든.

준이에게 주머니를 모두 뒤집어 보여 줬는데,

어라, ________ 이 돼 버렸잖아!

TEST 7 이야기를 생각하며 다음 문장에 어울리는 단어에 동그라미하세요.

1 I want to be a (drive | driver).

2 Grandma gave Wan a (gift | give).

3 I want to (change | live) math to art!

4 Wan (hunts | drives) ants.

TEST 8 다음 상자에서 사진에 어울리는 단어를 찾아서 묶으세요.

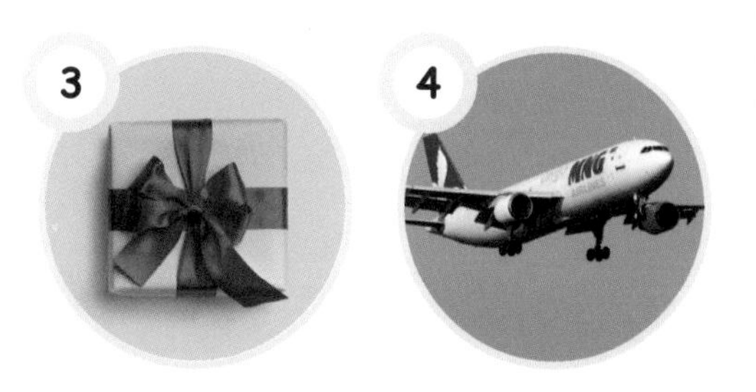

s	e	a	b	u	s	n	q
t	r	e	e	i	r	e	d
s	s	n	h	w	y	o	k
m	u	g	i	f	t	i	r
j	d	b	n	v	m	a	t
h	g	d	d	u	c	k	z
a	i	r	p	l	a	n	e

읽기만 해도
저절로 외워지는
초
등
영
단
어

Day 11
캠핑장에서 제일 무서운 것은?

Day 12
장난은 그만!

Day 13
긍정적으로 생각해

Day 14
내 꿈은 건축가

Day 15
친구를 도와줘요

Review TEST 3

Day 16
아빠들은 멋있어

Day 17
점심을 또 먹을래요!

Day 18
산이 좋아, 강이 좋아

Day 19
엄마의 평화

Day 20
멍뭉이는 못 말려!

Review TEST 4

Day 11

캠핑장에서 제일 무서운 것은?

- camping
- sound
- wild
- afraid
- rabbit

STEP 1 다음 그림을 보고 이야기를 들으면서 단어를 확인하세요.

❶ Wan's family goes **camping**.
완이네 가족이 **캠핑**을 가요.

❷ "What is this **sound**?"
"이게 무슨 **소리**지?"

❸ "A wolf? A tiger? Or a **wild** pig?"
Wan is **afraid**.
"늑대인가? 호랑이? 아니면 **야생** 돼지(멧돼지)?"
완이는 **겁이 나요**.

❹ "Ha-ha, look! It is just a **rabbit**!"
"하하, 봐! 그냥 **토끼**잖아!"

· **rustle** 바스락거리는 소리

STEP 2 단어의 소리와 뜻을 확인하세요.

camping
캠핑

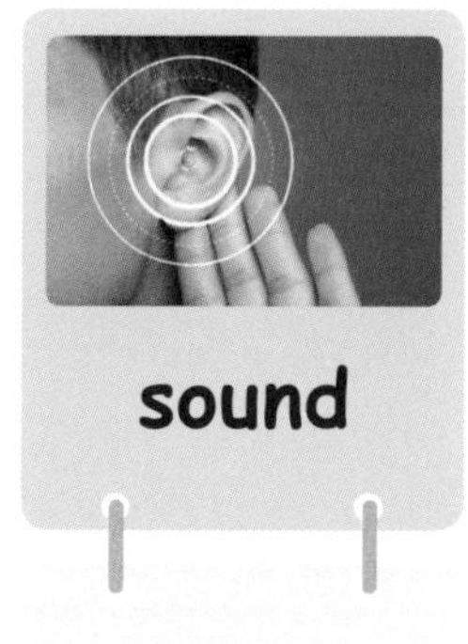
sound
소리

wild
야생의

afraid
겁내는

rabbit
토끼

STEP 3 완이의 일기에 나오는 단어를 따라 쓰세요.

오늘은 가족들과 camping을 떠났어.

그런데 깊은 산속은 생각보다 afraid해.

'부스럭, 부스럭' 이게 무슨 sound지?

혹시 늑대나 호랑이? 아니면 wild 돼지?

어? 귀여운 rabbit 한 마리잖아!

STEP 4 보기 의 단어를 참고하여 빈칸에 알맞은 철자를 쓰세요.

보기 wild | rabbit | sound | afraid | camping

Wan's family goes camp☐ng.

"What is this so☐nd?"

"Or a w☐ld pig?" Wan is afr☐id.

"It is just a rab☐it!"

STEP 5 단어와 설명을 보고 알맞은 뜻을 쓰세요.

- camping 산 또는 바닷가에서 텐트를 치고 야영하는 일은? ☐
- sound 귀에 들리는 것은? ☐
- wild 사람이 기르지 않고 산이나 들에서 저절로 자라는 것은? ☐
- afraid 어떤 대상을 무서워하여 마음이 불안한 느낌은? ☐
- rabbit 귀가 길고 깡충깡충 뛰어다니는 동물은? ☐

STEP 6 이야기를 생각하며 단어를 쓰세요.

camping

sound

wild

afraid

rabbit

STEP 7 야생 동물과 관련된 단어를 잘 듣고 쓰세요.

crocodile 악어

crocodile

snake 뱀

snake

giraffe 기린

giraffe

zebra 얼룩말

zebra

Day 12

장난은 그만!

- press
- button
- elevator
- floor
- second

· stop 멈추다

STEP 1 다음 그림을 보고 이야기를 들으면서 단어를 확인하세요.

❶ Wan smiles and presses all the buttons.
완이는 웃으며 모든 버튼을 눌러요.

❷ The elevator stops at every floor.
The doors open.
엘리베이터는 모든 층마다 서고, 문이 열려요.

❸ The Second, third, and fourth floors!
두 번째 층, 세 번째 층 그리고 네 번째 층!

❹ And a very angry man stands there!
그리고 아주 화가 난 아저씨가 그곳에 서 있어요!

STEP 2 단어의 소리와 뜻을 확인하세요.

press

누르다

button

버튼

elevator

엘리베이터

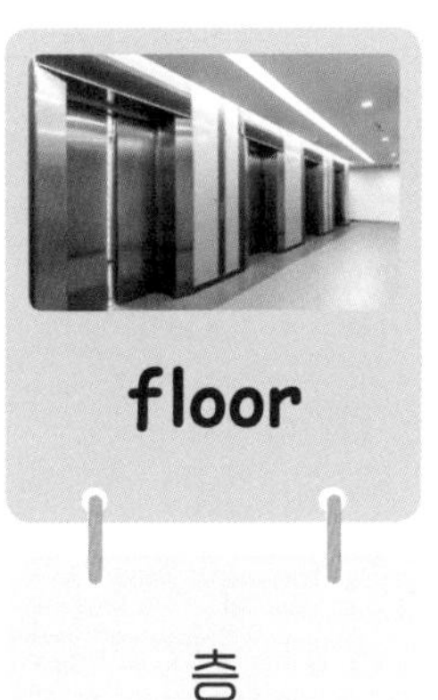

floor

층

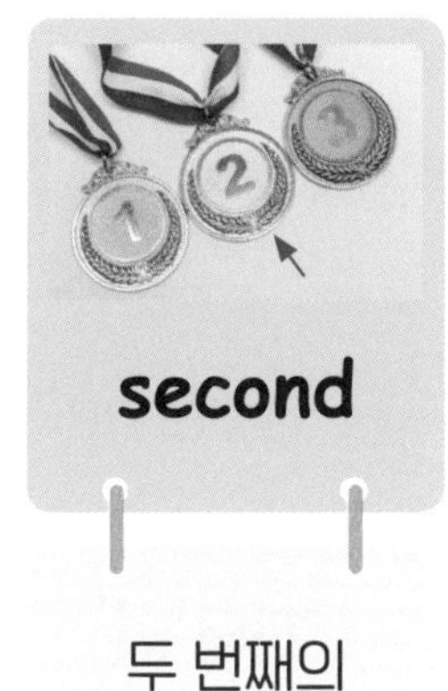

second

두 번째의

STEP 3 완이의 일기에 나오는 단어를 따라 쓰세요.

집에 오는 길에 elevator를 탔는데

심심해서 button을 모두 press했어.

second floor, 3층, 4층….

하하하, 정말 재미있다! 그런데 이를 어쩌지?

아저씨가 화가 많이 나셨나 봐!

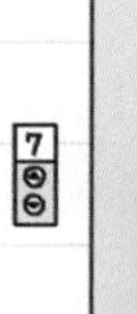

STEP 4 보기 의 단어를 참고하여 빈칸에 알맞은 철자를 쓰세요.

보기 floor | press | elevator | second | button

Wan smiles and pre☐ses all the butt☐ns.

The el☐v☐tor stops at every flo☐☐.

The Sec☐nd, third, and fourth floors!

STEP 5 단어와 설명을 보고 알맞은 뜻을 쓰세요.

- press 힘을 주어 미는 것은? ☐
- button 전류를 끊거나 이어 주며 기계를 조작하는 장치는? ☐
- elevator 사람이나 화물을 아래위로 실어 나르는 시설은? ☐
- floor 건물에서 같은 높이를 이루는 부분은? ☐
- second 첫 번째의 다음 순서는? ☐

STEP 6 이야기를 생각하며 단어를 쓰세요.

press

button

elevator

floor

second

STEP 7 순서와 관련된 단어를 잘 듣고 쓰세요.

first 첫 번째의

first

third 세 번째의

third

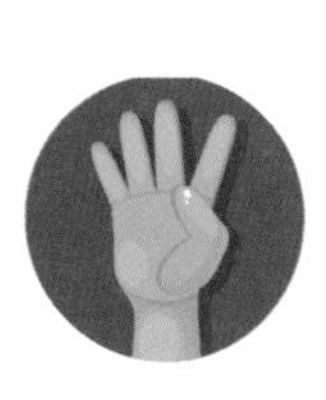

fourth 네 번째의

fourth

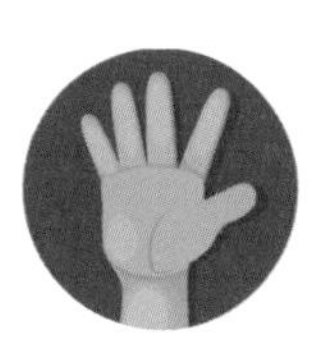

fifth 다섯 번째의

fifth

Day 13

긍정적으로 생각해

- robot
- birthday
- June
- October
- Christmas

· before ~전에

STEP 1 다음 그림을 보고 이야기를 들으면서 단어를 확인하세요.

❶ "I want to have a robot, Mom!"
"엄마, 로봇이 갖고 싶어요!"

❷ "You can get it on your birthday."
"네 생일에 가질 수 있어."

❸ "But my birthday is in October!
And it is June now."
"그렇지만, 제 생일은 10월이잖아요!
그리고 지금은 6월이고요."

❹ "Yes, in October.
It still comes before Christmas."
"그래, 10월. 그래도 크리스마스보다는 빨리 오잖니!"

STEP 2 단어의 소리와 뜻을 확인하세요.

robot

로봇

birthday

생일

June

6월

October

10월

Christmas

크리스마스

STEP 3 완이의 일기에 나오는 단어를 따라 쓰세요.

나는 robot이 정말로 갖고 싶다고!

엄마는 글쎄 birthday까지 기다리라고 하셔.

지금은 June인데, 내 생일은 October라고!

그래도 Christmas보다는 빨리 오니

긍정적으로 생각해야 하는 거지?

STEP 4 보기의 단어를 참고하여 빈칸에 알맞은 철자를 쓰세요.

보기 birthday | June | robot | October | Christmas

"I want to have a rob☐t, Mom!"

"You can get it on your birt☐day."

"And it is ☐une now."

"Yes, in Octo☐er. It still comes before C☐ris☐mas."

STEP 5 단어와 설명을 보고 알맞은 뜻을 쓰세요.

- robot 인간과 비슷한 모습으로 스스로 움직이는 기계는? ☐
- birthday 세상에 태어난 날은? ☐
- June 5월의 다음 달이자 7월의 앞의 달은? ☐
- October 9월의 다음 달이자 11월의 앞의 달은? ☐
- Christmas 예수의 탄생을 축하하는 날은? ☐

STEP 6 이야기를 생각하며 단어를 쓰세요.

robot

birthday

June

October

Christmas

STEP 7 달과 관련된 단어를 잘 듣고 쓰세요.

January 1월

January

February 2월

February

August 8월

August

December 12월

December

Day 14

내 꿈은 건축가

- architect
- build
- something
- block
- famous

· someday 언제가

STEP 1 다음 그림을 보고 이야기를 들으면서 단어를 확인하세요.

❶ I want to be an architect.
나는 건축가가 되고 싶어.

❷ So I build something with blocks every day.
그래서 나는 매일 블록으로 무엇인가를 짓지.

❸ Today, I am building a castle.
오늘은 성을 짓고 있어.

❹ Someday, I'll build a famous building.
언젠가, 유명한 건물을 지을 거야.

STEP 2 단어의 소리와 뜻을 확인하세요.

architect

건축가

build

짓다

something

무엇, 어떤 것

block

블록

famous

유명한

STEP 3 완이의 일기에 나오는 단어를 따라 쓰세요.

내 꿈은 architect라서

나는 block 놀이를 좋아해.

오늘도 블록으로 something을 만들었지.

언젠가 훌륭한 건축가가 되어서

famous한 건물을 build할 테야!

STEP 4 보기 의 단어를 참고하여 빈칸에 알맞은 철자를 쓰세요.

보기 architect | famous | block | something | build

I want to be an arc☐itect.

So I b☐ild som☐thing with bloc☐s every day.

Someday, I'll build a fam☐us building.

STEP 5 단어와 설명을 보고 알맞은 뜻을 쓰세요.

단어	설명	뜻
architect	건축에 대한 전문적인 지식이나 기술을 가진 사람은?	
build	재료를 들여 건축물을 만드는 일은?	
something	모르는 사실이나 사물을 가리키는 것은?	
block	쌓아 올리며 노는 장난감은?	
famous	이름이 널리 알려지는 것은?	

STEP 6 이야기를 생각하며 단어를 쓰세요.

architect

build

something

block

famous

STEP 7 직업과 관련된 단어를 잘 듣고 쓰세요.

pianist 피아니스트

pianist

musician 음악가

musician

president 대통령

president

soldier 군인

soldier

Day 15

친구를 도와줘요

- ☑ classmate
- ☑ doll
- ☑ quiet
- ☑ carrot
- ☑ help

STEP 1 다음 그림을 보고 이야기를 들으면서 단어를 확인하세요.

❶ Hoya is Wan's **classmate**.
호야는 완이의 **반 친구**예요.

❷ Hoya likes **dolls**. Hoya is **quiet**.
호야는 **인형**을 좋아해요. 호야는 **조용해요**.

❸ Hoya doesn't like **carrots**.
"Can I **help** you?"
호야는 **당근**을 좋아하지 않아요. "내가 **도와줄까**?"

❹ "Thank you." "Anytime!"
"고마워." "언제든지!"

STEP 2 단어의 소리와 뜻을 확인하세요.

반 친구 | 인형 | 조용한 | 당근 | 돕다

STEP 3 완이의 일기에 나오는 단어를 따라 쓰세요.

내 classmate 호야는 아주 quiet해.

호야는 doll을 좋아하고 carrot은 싫어해.

그래서 가끔은 친절하고 상냥한 내가

호야를 help 하지.

호야의 당근을 냘름 먹어 주기만 하면 돼!

STEP 4 보기 의 단어를 참고하여 빈칸에 알맞은 철자를 쓰세요.

보기 carrot | help | doll | quiet | classmate

Hoya is Wan's classm[ ]te.

Hoya likes do[ ]ls. Hoya is q[ ]i[ ]t.

Hoya doesn't like carr[ ]ts.

"Can I he[ ]p you?"

STEP 5 단어와 설명을 보고 알맞은 뜻을 쓰세요.

- classmate 같은 교실에서 공부하는 친구는? [ ]
- doll 사람이나 동물 모양으로 만든 장난감은? [ ]
- quiet 아무런 소리도 들리지 않고 고요한 상황은? [ ]
- carrot 원뿔 모양의 불그레한 뿌리채소는? [ ]
- help 남이 하는 일이 잘되도록 거들거나 힘을 보태는 행동은? [ ]

STEP 6 이야기를 생각하며 단어를 쓰세요.

classmate

doll

quiet

carrot

help

STEP 7 성격과 관련된 단어를 잘 듣고 쓰세요.

good 좋은, 착한

good

calm 침착한

calm

bad 나쁜

bad

kind 친절한

kind

TEST 1 다음 사진에 어울리는 단어를 바르게 연결하세요.

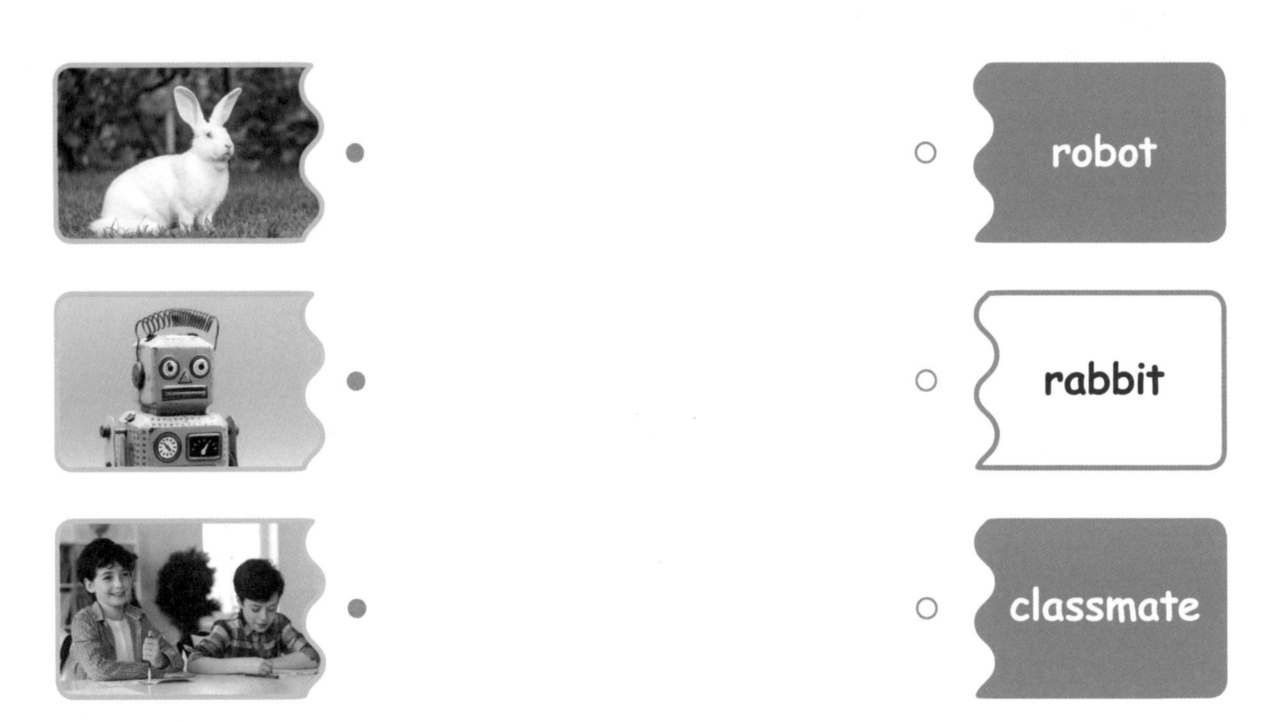

TEST 2 다음 상자에서 뜻에 알맞은 단어를 찾고 철자를 쓰세요.

ipresseradollyuoJunenm

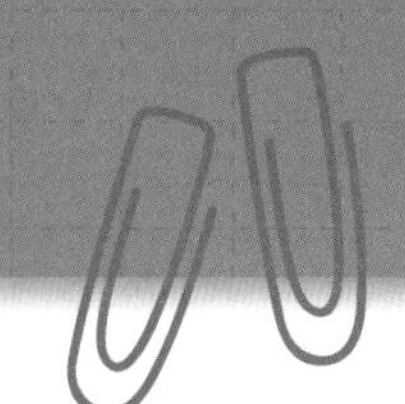

TEST 3 다음 단어에 알맞은 뜻에 동그라미하세요.

help	second	afraid
주다 | 돕다	두 번째의 | 세 번째의	귀여운 | 겁내는

wild	birthday	October
온순한 | 야생의	선물 | 생일	8월 | 10월

TEST 4 다음 사진에 알맞은 단어의 철자를 순서대로 쓰세요.

qtuei

quiet

rotrca

c_ _ _ _ _

aveletro

e_ _ _ _ _ _ _

TEST 5 다음 단어에 어울리는 사진과 뜻을 바르게 연결하세요.

button		버튼
help		크리스마스
Christmas		돕다

TEST 6 빈칸에 들어갈 단어를 보기에서 골라 넣으세요.

보기 architect | build | something | block | famous

내 꿈은 ________ 라서

나는 block 놀이를 좋아해.

오늘도 블록으로 something을 만들었지.

언젠가 훌륭한 건축가가 되어서

________ 한 건물을 ________ 할 테야!

TEST 7 이야기를 생각하며 다음 문장에 어울리는 단어에 동그라미하세요.

1 Wan eats | presses all the buttons.

2 The elevator stops at every floor | doll .

3 Wan's family goes something | camping .

4 What is this sound | sing ?

TEST 8 다음 상자에서 사진에 어울리는 단어를 찾아서 묶으세요.

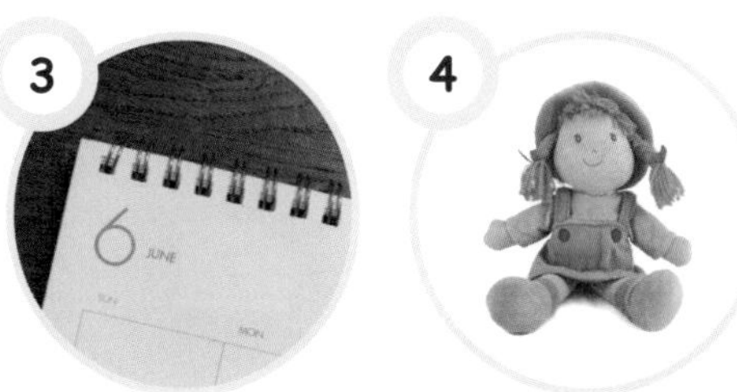

s	e	a	b	d	o	l	l
t	r	e	e	i	r	e	d
b	i	r	t	h	d	a	y
m	u	h	o	c	t	o	r
j	a	u	J	u	n	e	t
h	g	d	d	e	n	m	z
b	l	o	c	k	d	r	o

Day 16

아빠들은 멋있어

- dad
- scientist
- actor
- make
- awesome

STEP 1 다음 그림을 보고 이야기를 들으면서 단어를 확인하세요.

❶ Hoya's **dad** is a **scientist**.
호야의 아빠는 과학자예요.

❷ Wan's dad is an **actor**.
완이의 아빠는 배우예요.

❸ "My dad **make**s robots."
"My dad plays a king on TV."
"우리 아빠는 로봇을 만들어."
"우리 아빠는 TV에서 왕을 연기해."

❹ "Our dads are really **awesome**!"
"우리 아빠들 정말 멋지다!"

STEP 2 단어의 소리와 뜻을 확인하세요.

dad
아빠

scientist
과학자

actor
배우

make
만들다

awesome
멋진

STEP 3 완이의 일기에 나오는 단어를 따라 쓰세요.

우리 아빠는 actor이고,

호야네 dad는 scientist셔.

우리 아빠는 TV에서 멋진 왕을 연기해.

호야네 아빠는 내가 좋아하는 로봇을 make해.

우리 아빠들은 정말 awesome해!

STEP 4 보기 의 단어를 참고하여 빈칸에 알맞은 철자를 쓰세요.

보기 actor | awesome | dad | make | scientist

Hoya's d☐d is a sci☐nt☐st.

Wan's dad is an act☐r.

"My dad m☐kes robots."

"Our dads are really a☐esome!"

STEP 5 단어와 설명을 보고 알맞은 뜻을 쓰세요.

단어	설명	뜻
dad	'아버지'를 편하게 부르는 말은?	
scientist	과학을 전문으로 연구하는 사람은?	
actor	연극이나 영화 등의 인물을 연기하는 사람은?	
make	노력이나 기술을 통해 새로 생기게 하는 일은?	
awesome	보기에 아주 좋은 모습은?	

STEP 6 이야기를 생각하며 단어를 쓰세요.

dad

scientist

actor

make

awesome

직업과 관련된 단어를 잘 듣고 쓰세요.

painter 화가

painter

chef 요리사

chef

writer 작가

writer

entertainer 연예인

entertainer

Day 17

점심을 또 먹을래요!

- playground
- busy
- hurry
- dinner
- lunch

STEP 1 다음 그림을 보고 이야기를 들으면서 단어를 확인하세요.

❶ Wan is playing in the **playground** till late evening.
완이가 **놀이터**에서 늦은 저녁까지 놀고 있어요.

❷ Jun is **busy** running. "I have to **hurry**!"
준이가 **바쁘게** 뛰어가요. "**서둘러**야 해!"

❸ Mom is angry. "No **dinner** for you!"
엄마가 화났어요. "네 **저녁**은 없단다!"

❹ "Then… can I have **lunch** again?"
"그러면… **점심**을 또 먹어도 될까요?"

STEP 2 단어의 소리와 뜻을 확인하세요.

playground
놀이터

busy
바쁜

hurry
서두르다

dinner
저녁 식사

lunch
점심 식사

STEP 3 완이의 일기에 나오는 단어를 따라 쓰세요.

playground에서 놀면 시간 가는 줄 모르겠어.

갑자기 준이가 hurry하며

busy하게 뛰어가잖아. 어이쿠, 나도 늦었다!

화난 엄마가 dinner를 안 주신대.

음, 그렇다면 lunch를 한 번 더 먹어야겠다!

STEP 4 보기 의 단어를 참고하여 빈칸에 알맞은 철자를 쓰세요.

보기 busy | playground | hurry | dinner | lunch

Wan is playing in the play[ ]ro[ ]nd till late evening.

Jun is bu[ ]y running. "I have to hur[ ][ ]!"

"No din[ ]er for you!"

"Then… can I have lunc[ ] again?"

STEP 5 단어와 설명을 보고 알맞은 뜻을 쓰세요.

- playground 미끄럼틀, 그네, 시소 등이 있는 곳은? [ ]
- busy 서둘러서 해야 할 일로 시간적 여유가 없는 상황은? [ ]
- hurry 일을 빨리 해치우려고 급하게 움직이는 행동은? [ ]
- dinner 저녁에 먹는 밥은? [ ]
- lunch 점심에 먹는 밥은? [ ]

STEP 6 이야기를 생각하며 단어를 쓰세요.

playground

busy

hurry

dinner

lunch

STEP 7 놀이기구와 관련된 단어를 잘 듣고 쓰세요.

swing 그네

swing

slide 미끄럼틀

slide

see-saw 시소

see-saw

jungle gym 정글짐

jungle gym

Day 18

산이 좋아, 강이 좋아

- holiday
- time
- trip
- river
- mountain

· by ~옆에

STEP 1 다음 그림을 보고 이야기를 들으면서 단어를 확인하세요.

❶ "It's a holiday! It's time for a trip!"
"휴가다! 여행할 시간이야!"

❷ "Let's go to the river!"
"우리 강으로 가요!"

❸ "No, let's go to a mountain!"
"아니요, 산으로 가요!"

❹ "Okay! Let's go to a river by a mountain!"
"좋아! 그럼 산 옆에 있는 강으로 가자!"

STEP 2 단어의 소리와 뜻을 확인하세요.

holiday

휴가

time

시간

trip

여행

river

강

mountain

산

STEP 3 완이의 일기에 나오는 단어를 따라 쓰세요.

야호! holiday이다!

우리 가족 trip을 떠날 time이야.

나는 river에서 물놀이하고 싶은데,

써니는 mountain이 좋대.

그렇다면 둘 다 있는 곳으로 가면 되지!

STEP 4 보기 의 단어를 참고하여 빈칸에 알맞은 철자를 쓰세요.

보기 time | holiday | mountain | river | trip

"It's a h☐liday! It's tim☐ for a t☐ip!"

"Let's go to the ri☐er!"

"No, let's go to a mount☐in!"

STEP 5 단어와 설명을 보고 알맞은 뜻을 쓰세요.

- ☑ holiday 직장에서 일정한 기간 동안 일하지 않고 쉬는 날은? ☐
- ☑ time 어떤 시각에서 다른 시각까지의 사이는? ☐
- ☑ trip 집을 떠나 이곳저곳을 구경하며 다니는 일은? ☐
- ☑ river 넓고 길게 흐르는 큰 물줄기는? ☐
- ☑ mountain 평지보다 높이 솟아 있는 땅의 한 부분은? ☐

STEP 6 이야기를 생각하며 단어를 쓰세요.

Oh ye~ Holiday

holiday

time

trip

river

mountain

STEP 7 휴일과 관련된 단어를 잘 듣고 쓰세요.

vacation 방학

vacation

weekend 주말

weekend

festival 축제

festival

rest 휴식

rest

Day 19

엄마의 평화

- sun
- shine
- peace
- turn
- dirty

· perfect 완벽한
· all over 곳곳에, 온 데

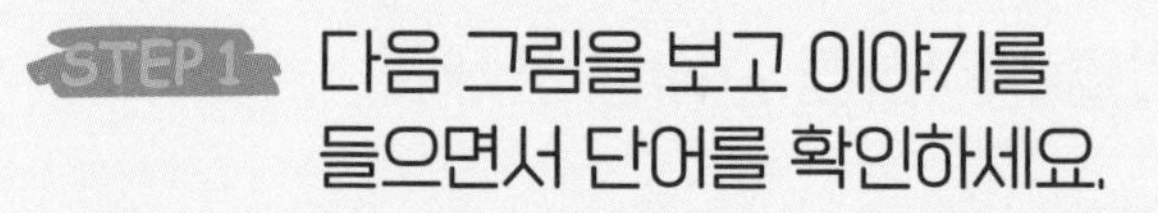

STEP 1 다음 그림을 보고 이야기를 들으면서 단어를 확인하세요.

❶ Mom is happy when the sun shines.
해가 빛날 때 엄마는 행복해요.

❷ "Everything is at peace. Perfect!"
"모든 것이 평화롭구나. 완벽해!"

❸ Mom turns around and finds Wan.
엄마가 몸을 돌려 완이를 발견해요.

❹ "Wan, you are dirty··· all over!"
"완아, 너는 온통··· 더럽구나!"

STEP 2 단어의 소리와 뜻을 확인하세요.

해

빛나다

평화

(몸을) 돌리다

더러운

STEP 3 완이의 일기에 나오는 단어를 따라 쓰세요.

우리 엄마는 peace가 좋으시대.

sun은 shine하고, 새들은 지저귈 때처럼 말이야.

하지만 엄마가 turn해서

온통 dirty한 나를 보는 순간,

그 평화는 감쪽같이 사려져 버려!

STEP 4 보기 의 단어를 참고하여 빈칸에 알맞은 철자를 쓰세요.

보기 turn | sun | peace | shine | dirty

Mom is happy when the s☐n s☐ines.

"Everything is at pe☐☐e."

Mom tu☐ns around and finds Wan.

"Wan, you are d☐rty… all over!"

STEP 5 단어와 설명을 보고 알맞은 뜻을 쓰세요.

- ☑ sun '태양'을 일상적으로 이르는 말은? ☐
- ☑ shine 빛이 환하게 비치는 모양은? ☐
- ☑ peace 평온하고 화목한 안정된 마음의 상태는? ☐
- ☑ turn 원을 그리며 몸을 움직이는 행동은? ☐
- ☑ dirty 때나 찌꺼기 따위가 있어 지저분한 모습은? ☐

STEP 6 이야기를 생각하며 단어를 쓰세요.

sun

shine

peace

turn

dirty

STEP 7 사람과 사물의 상태와 관련된 단어를 잘 듣고 쓰세요.

clean 깨끗한

clean

messy 지저분한, 엉망인

messy

light 밝은

light

dark 어두운

dark

Day 20

멍뭉이는 못 말려!

- o'clock
- bark
- clock
- noon
- headache

STEP 1 다음 그림을 보고 이야기를 들으면서 단어를 확인하세요.

❶ It's one **o'clock**. The dog **barks**, "Woof!"
1시예요. 개가 짖어요. "멍!"

❷ It's four o'clock. The dog barks, "Woof, woof, woof, woof!"
4시예요. 개가 짖어요. "멍, 멍, 멍, 멍!"

❸ Every time the **clock** says, "Coo-coo," the dog barks.
시계가 "뻐꾹" 하고 울 때마다 개는 짖어요.

❹ It's **noon**. Oh, my! I have a **headache**!
정오예요. 아이고! 두통이야!

· every time ~할 때마다
· coo-coo 뻐꾹

STEP 2 단어의 소리와 뜻을 확인하세요.

o'clock	bark	clock	noon	headache
~시, 정각	짖다	시계	정오	두통

STEP 3 완이의 일기에 나오는 단어를 따라 쓰세요.

우리 집 멍뭉이는 뻐꾸기 clock이 o'clock을 가리키면,

반가워서 bark 하지. 그것도 박자를 맞춰 가며 말이야.

뻐꾹 1번이면 멍 1번, 뻐꾹 4번이면 멍 4번.

그럼 noon에는? 뻐꾹 12번에 멍 12번!

아이고, headache야!

STEP 4 보기 의 단어를 참고하여 빈칸에 알맞은 철자를 쓰세요.

보기 o'clock | headache | bark | noon | clock

It's one o'cl☐ck! The dog bar☐s, "Woof!"

Every time the ☐☐ock says,

'Coo-coo,' the dog barks.

It's n☐☐n. I have a headac☐e!

STEP 5 단어와 설명을 보고 알맞은 뜻을 쓰세요.

- o'clock 시각을 이르는 말 혹은 바로 그 시각은?
- bark 개가 시끄럽고 크게 소리를 내는 행동은?
- clock 시간을 재거나 시각을 나타내는 기계는?
- noon 낮 열두 시를 뜻하는 것은?
- headache 머리가 아픈 증세는?

STEP 6 이야기를 생각하며 단어를 쓰세요.

o'clock

bark

clock

noon

headache

STEP 7 질병과 관련된 단어를 잘 듣고 쓰세요.

cold 감기

cold

cough 기침

cough

fever 열

fever

toothache 치통

toothache

Review TEST 4

TEST 1 다음 사진에 어울리는 단어를 바르게 연결하세요.

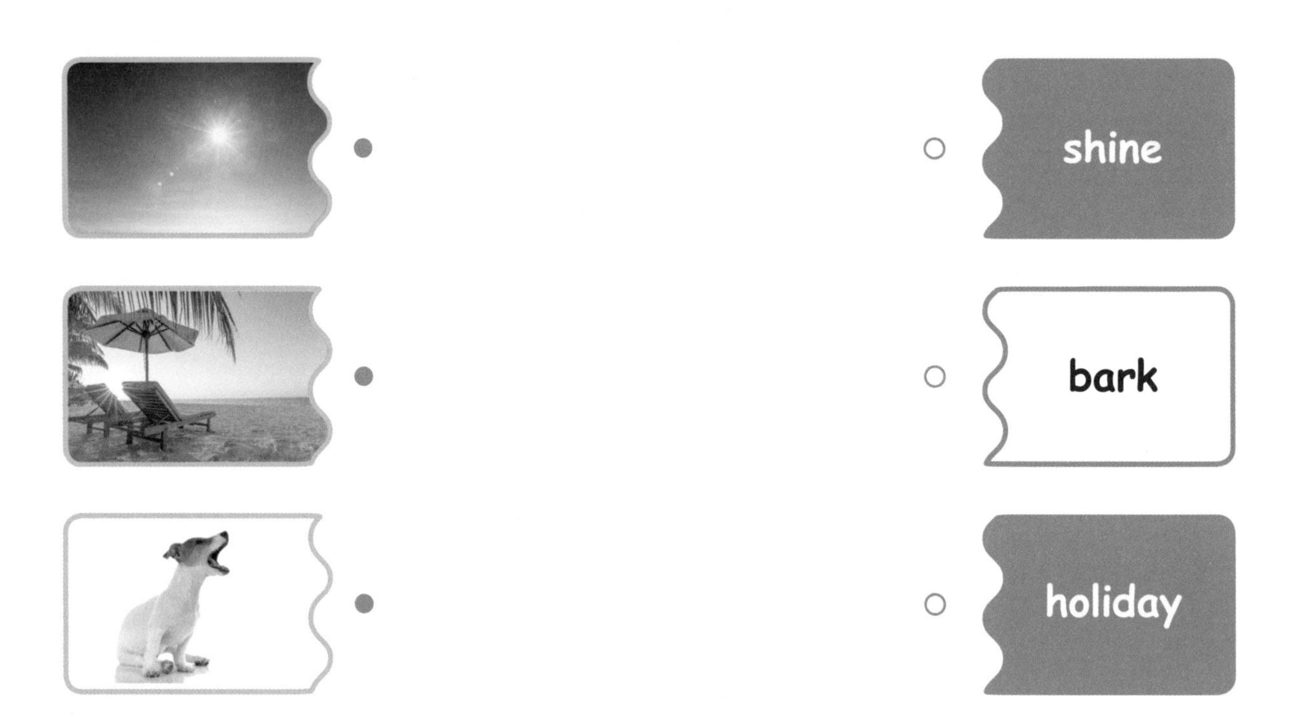

TEST 2 다음 상자에서 뜻에 알맞은 단어를 찾고 철자를 쓰세요.

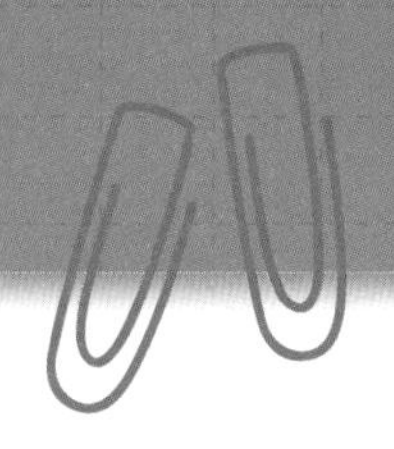

TEST 3 다음 단어에 알맞은 뜻에 동그라미하세요.

busy	hurry	trip
바쁜 | 늦은	여유롭다 | 서두르다	연구 | 여행

shine	turn	dinner
조각하다 | 빛나다	(몸을) 돌리다 | (몸을) 숙이다	아침 식사 | 저녁 식사

TEST 4 다음 사진에 알맞은 단어의 철자를 순서대로 쓰세요.

Review TEST

TEST 5 다음 단어에 어울리는 사진과 뜻을 바르게 연결하세요.

busy		바쁜
time		시간
peace		평화

TEST 6 빈칸에 들어갈 단어를 보기 에서 골라 넣으세요.

보기 dad | scientist | actor | make | awesome

우리 아빠는 ____________ 이고, 호야네 아빠는 ____________ 셔.

우리 dad는 TV에서 멋진 왕을 연기해.

호야네 아빠는 내가 좋아하는 로봇을 ________ 해.

우리 아빠들은 정말 ____________ 해!

TEST 7 이야기를 생각하며 다음 문장에 어울리는 단어에 동그라미하세요.

1 It's clock | time for a trip!

2 Oh, my! I have a headache | hand !

3 Mom is happy when the sun rains | shines .

4 Wan is playing in the holiday | playground .

TEST 8 다음 상자에서 사진에 어울리는 단어를 찾아서 묶으세요.

s	e	a	b	u	s	n	q
t	l	e	r	i	v	e	r
s	s	u	n	a	k	e	e
m	u	d	n	r	k	o	r
j	a	u	a	c	t	o	r
h	g	c	h	i	h	f	z
o	n	w	k	i	n	d	r

읽기만 해도
저절로 외워지는
초
등
영
단
어

Day 21 ~ Day 30

Day 21
나의 영웅

Day 22
아이스크림은 먹을 수 있어요!

Day 23
캡틴 완이의 모험

Day 24
노 키즈, 노 펫

Day 25
일요일은 아빠와 함께

Review TEST 5

Day 26
엄마가 바라는 것은?

Day 27
할머니의 시골집

Day 28
가위, 바위, 보!

Day 29
깜빡 잠이 들었어요

Day 30
자꾸만 사라지는 지우개

Review TEST 6

Day 21

나의 영웅

- hero
- firefighter
- police officer
- doctor
- nurse

STEP 1 다음 그림을 보고 이야기를 들으면서 단어를 확인하세요.

❶ "Superman is a **hero**."
"슈퍼맨은 **영웅**이야."

❷ "A **firefighter** and a **police officer** are heroes, too!"
"**소방관**이랑 **경찰관**도 영웅이지!"

❸ "**Doctor**s and **nurse**s are heroes!"
"**의사** 선생님이랑 **간호사** 선생님은 영웅이야!"

❹ "But Mom is a hero to me!"
"그렇지만 나한테는 우리 엄마가 영웅이야!"

STEP 2 단어의 소리와 뜻을 확인하세요.

hero	firefighter	police officer	doctor	nurse
영웅	소방관	경찰관	의사	간호사

STEP 3 완이의 일기에 나오는 단어를 따라 쓰세요.

준이는 슈퍼맨이 hero라 하고,

호야는 firefighter랑 police officer가 영웅이래.

그리고 써니는 doctor랑 nurse가 영웅이래.

하지만 나에게는 모기를 단번에 해치우는

우리 엄마가 최고의 영웅이지!

STEP 4 보기 의 단어를 참고하여 빈칸에 알맞은 철자를 쓰세요.

보기 hero | nurse | doctor | police officer | firefighter

"Superman is a h☐ro."

"A firefig☐ter and a police offi☐er are heroes, too!"

"D☐ctors and nur☐es are heroes!"

STEP 5 단어와 설명을 보고 알맞은 뜻을 쓰세요.

- hero 재능이 뛰어나고 용맹하여 어려운 일을 해내는 사람은? ☐
- firefighter 불이 나면 불을 끄고 사람을 보호하는 일을 하는 사람은? ☐
- police officer 법을 어긴 사람들을 잡거나 감시하는 사람은? ☐
- doctor 아픈 사람을 치료하는 사람은? ☐
- nurse 의사의 진료를 돕고 환자를 돌보는 사람은? ☐

STEP 6 이야기를 생각하며 단어를 쓰세요.

hero

firefighter

police officer

doctor

nurse

STEP 7 영웅의 특징과 관련된 단어를 잘 듣고 쓰세요.

super 대단한

super

excellent 훌륭한

excellent

great 위대한

great

brave 용감한

brave

Day 22

아이스크림은 먹을 수 있어요!

- fall
- bicycle
- hurt
- leg
- okay

· **fall off** 떨어지다

STEP 1 다음 그림을 보고 이야기를 들으면서 단어를 확인하세요.

❶ Wan **falls** off his **bicycle.**
완이가 자전거에서 넘어져요.

❷ "Mom, now I can't study. I **hurt** my **leg.**"
"엄마, 저 이제 공부를 할 수 없어요. 다리가 아파요."

❸ "Wan, your hands are **okay.**"
"완아, 네 손은 멀쩡해."

❹ "My hands will be busy eating ice cream."
"손은 아이스크림 먹느라고 바쁠 거예요."

STEP 2 단어의 소리와 뜻을 확인하세요.

fall
떨어지다

bicycle
자전거

hurt
다치게(아프게) 하다

leg
다리

okay
괜찮은

STEP 3 완이의 일기에 나오는 단어를 따라 쓰세요.

bicycle을 타다가 fall했어.

그런데 leg가 그만 hurt했지 뭐야.

그래서 공부를 못 하겠다고 엄마한테 말했지.

그랬더니 엄마는 손은 okay하니까

공부할 수 있다고 하셨어. -.-

STEP 4 보기 의 단어를 참고하여 빈칸에 알맞은 철자를 쓰세요.

보기 fall | okay | bicycle | hurt | leg

Wan [ ]alls off his bic[ ]cle.

"I h[ ]rt my le[ ]."

"Wan, your hands are oka[ ]."

STEP 5 단어와 설명을 보고 알맞은 뜻을 쓰세요.

- fall 위에서 아래로 내려와지는 모양은? [ ]
- bicycle 두 개의 바퀴를 다리로 굴려서 가는 탈것은? [ ]
- hurt 부딪치거나 맞아서 상처가 생기게 하는 일은? [ ]
- leg 서고 걷고 뛰는 일을 하는 신체 부위는? [ ]
- okay 나쁘지 않은 것은? [ ]

STEP 6 이야기를 생각하며 단어를 쓰세요.

fall

bicycle

hurt

leg

okay

STEP 7 동작과 관련된 단어를 잘 듣고 쓰세요.

eat 먹다

eat

cry 울다

cry

wash 씻다

wash

swim 수영하다

swim

Day 23

캡틴 완이의 모험

- captain
- adventure
- fight
- far
- return

STEP 1 다음 그림을 보고 이야기를 들으면서 단어를 확인하세요.

❶ "I'm a captain!"
"나는 선장이다!"

❷ "My adventure starts! I fight with bad guys!"
"모험을 시작한다! 나는 나쁜 놈들과 싸운다!"

❸ "I'll go far away and never return!"
"난 멀리 가서 결코 돌아오지 않을 거야!"

❹ "Today's dinner is steak."
"I came back, Mom."
"오늘 저녁은 스테이크란다."
"저 돌아왔어요, 엄마."

· guy 남자, 녀석

STEP 2 단어의 소리와 뜻을 확인하세요.

captain
선장

adventure
모험

fight
싸우다

far
멀리

return
돌아오다

STEP 3 완이의 일기에 나오는 단어를 따라 쓰세요.

나는 해적 captain이다!

오늘 나는 adventure를 시작한다!

나쁜 놈들과 fight하러 far 가서

다시는 return 하지 않을 수도 있다.

그렇지만 저녁이 스테이크라면 금방 오겠다!

STEP 4 보기 의 단어를 참고하여 빈칸에 알맞은 철자를 쓰세요.

보기 captain | fight | adventure | return | far

"I'm a capt☐in!"

"My ad☐ent☐re starts!

I fig☐t with bad guys!"

"I'll go fa☐ away and never retu☐n!"

STEP 5 단어와 설명을 보고 알맞은 뜻을 쓰세요.

- captain 배의 항해와 모든 문제를 다루는 최고 책임자는?
- adventure 위험을 무릅쓰고 어떠한 일을 하는 행위는?
- fight 이기려고 서로 다투는 일은?
- far 거리가 많이 떨어져 있는 모양은?
- return 원래 있던 곳으로 다시 오는 행동은?

STEP 6 이야기를 생각하며 단어를 쓰세요.

captain

adventure

fight

far

return

STEP 7 해상 모험과 관련된 단어를 잘 듣고 쓰세요.

pirate 해적

pirate

treasure 보물

treasure

crew 선원

crew

sail 항해하다

sail

Day 24

노 키즈, 노 펫

- front
- restaurant
- kid
- place
- welcome

· cafe 카페

STEP 1 다음 그림을 보고 이야기를 들으면서 단어를 확인하세요.

1. Wan and Mom are in **front** of a **restaurant**. 'No Pets!'
   완이랑 엄마가 식당 앞에 있어요. '애완동물 안 됨!'

2. They go to a cafe right next to it. 'No **kid**s!'
   바로 옆의 카페에 갔어요. '아이는 안 됨!'

3. "There are no **place**s we can go in."
   "우리는 아무 곳에도 못 들어가겠네요."

4. "Let's go back home. We are always **welcome** at home!"
   "집으로 돌아가자. 우리 집에서는 언제나 환영이란다!"

STEP 2 단어의 소리와 뜻을 확인하세요.

STEP 3 완이의 일기에 나오는 단어를 따라 쓰세요.

엄마랑 멍뭉이랑 restaurant과 카페에 갔어.

그런데 front에 kid와 애완동물은

아무 곳에도 들어갈 수 없다고 하잖아!

아이와 동물이 갈 수 없는 place는 왜 이렇게 많은 거지?

우리 집은 언제나 welcome인데 말이야!

STEP 4 보기 의 단어를 참고하여 빈칸에 알맞은 철자를 쓰세요.

보기 place | front | restaurant | kid | welcome

Wan and Mom are in fr☐nt of a rest☐ur☐nt.

"No ☐ids!" "There are no ☐☐aces we can go in."

"We are always w☐lcom☐ at home!"

STEP 5 단어와 설명을 보고 알맞은 뜻을 쓰세요.

- front 향하고 있는 방향과 일치하는 쪽은? ☐
- restaurant 음식을 팔며 식사할 수 있는 장소는? ☐
- kid 나이가 어린 사람을 뜻하는 말은? ☐
- place 어떤 일이 일어나는 곳은? ☐
- welcome 오는 사람을 기쁜 마음으로 반갑게 맞는 행동은? ☐

STEP 6 이야기를 생각하며 단어를 쓰세요.

front

restaurant

kid

place

welcome

성장 단계와 관련된 단어를 잘 듣고 쓰세요.

baby 아기

baby

adult 어른

adult

teenager 청소년

teenager

senior 노인

senior

Day 25

일요일은 아빠와 함께

- Sunday
- wake
- toe
- brush
- teeth

STEP 1 다음 그림을 보고 이야기를 들으면서 단어를 확인하세요.

❶ It's **Sunday**. Dad doesn't **wake** up.
일요일이에요. 아빠가 일어나지 않아요.

❷ Wan tickles Dad's **toes**.
완이는 아빠의 발가락을 간질여요.

❸ Dad opens his eyes. "Ha ha ha ha!"
아빠가 눈을 떠요. "하하하하!"

❹ "Dad, please **brush** your **teeth**!"
"아빠, 제발 이 닦아요!"

· tickle 간질이다
· please 제발

STEP 2 단어의 소리와 뜻을 확인하세요.

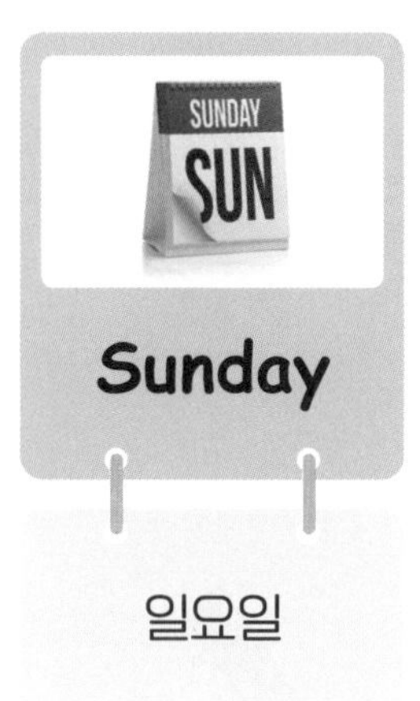

Sunday

일요일

wake

깨다

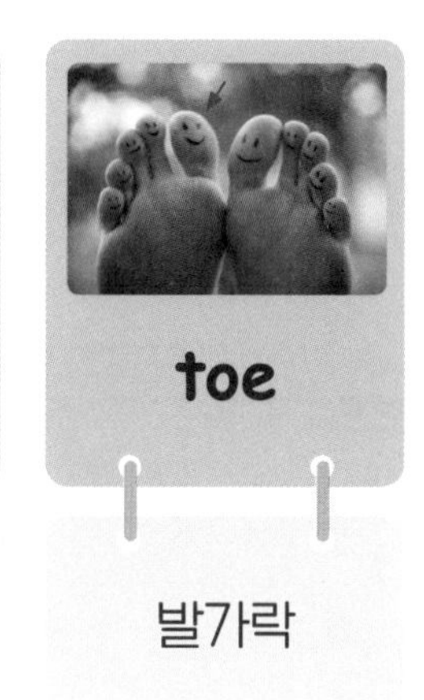

toe

발가락

brush

(치아를) 닦다

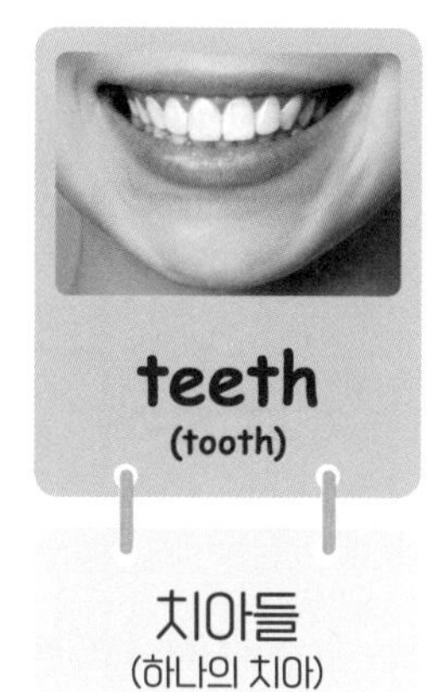

teeth
(tooth)

치아들
(하나의 치아)

STEP 3 완이의 일기에 나오는 단어를 따라 쓰세요.

오늘은 내가 좋아하는 Sunday야.

아빠랑 같이 놀 수 있는 날이지!

나는 늦잠을 자는 아빠를 wake해.

아빠 toe를 간질간질, 하하!

아빠, teeth를 brush하고 우리 놀러 가요. ^.^

STEP 4 보기 의 단어를 참고하여 빈칸에 알맞은 철자를 쓰세요.

보기 brush | teeth | toe | Sunday | wake

It's S☐nday. Dad doesn't w☐ke up.

Wan tickles Dad's to☐s.

"Dad, please b☐ush your t☐☐th!"

STEP 5 단어와 설명을 보고 알맞은 뜻을 쓰세요.

- Sunday 월요일을 기준으로 한, 주의 마지막 날은? ☐
- wake 잠에서 벗어나 정신을 되찾는 행동은? ☐
- toe 발끝의 다섯 개로 갈라진 부분은? ☐
- brush 칫솔에 치약을 묻혀 이를 문지르는 일은? ☐
- teeth 입안에 있으며 무엇을 물거나 씹는 신체 기관은? ☐

STEP 6 이야기를 생각하며 단어를 쓰세요.

Sunday

wake

toe

brush

teeth

STEP 7 신체 부위와 관련된 단어를 잘 듣고 쓰세요.

wrist 손목

wrist

arm 팔

arm

back 등

back

waist 허리

waist

TEST 1 다음 사진에 어울리는 단어를 바르게 연결하세요.

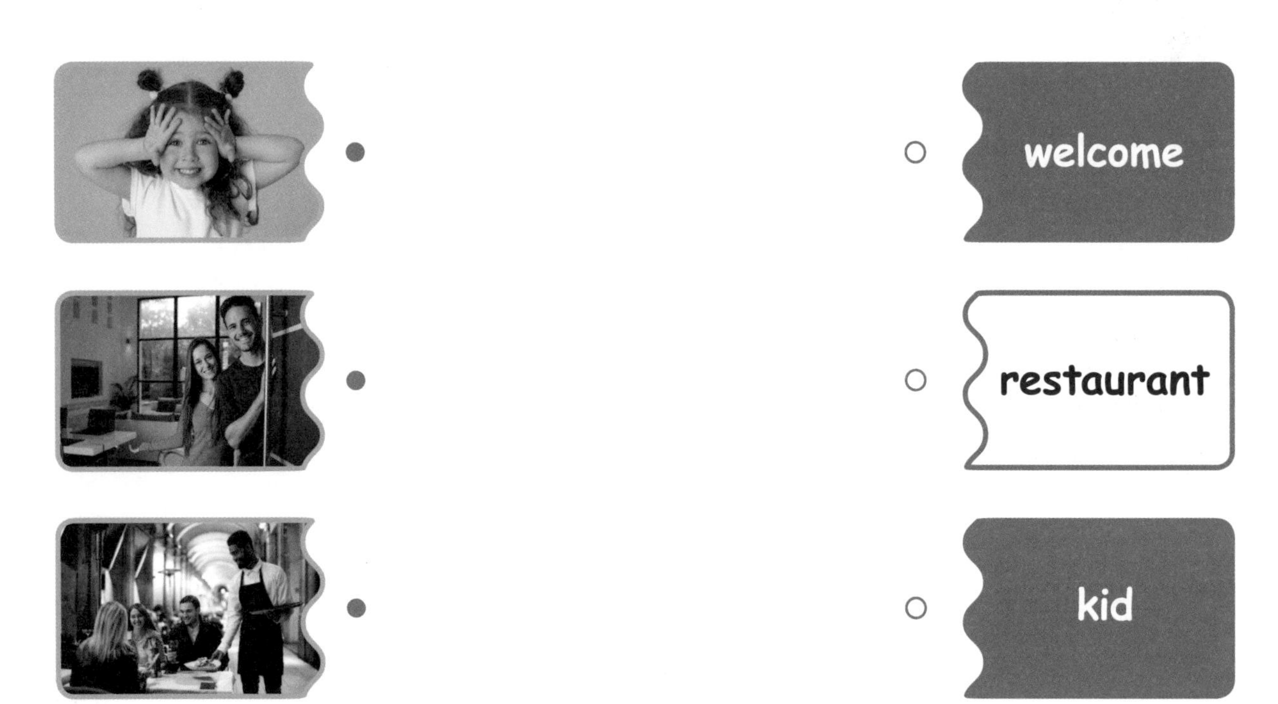

TEST 2 다음 상자에서 뜻에 알맞은 단어를 찾고 철자를 쓰세요.

cobrushadokayeyplacero

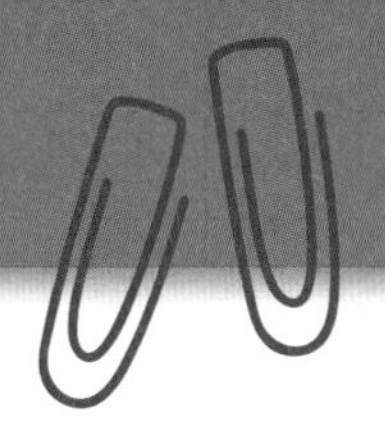

TEST 3 다음 단어에 알맞은 뜻에 동그라미하세요.

far	return	hurt
크게 | 멀리	돌아오다 | 가다	뛰게 하다 | 다치게 하다

Sunday	adventure	police officer
토요일 | 일요일	모험 | 싸움	소방관 | 경찰관

TEST 4 다음 사진에 알맞은 단어의 철자를 순서대로 쓰세요.

orhe

hero

pacatni

c_ _ _ _ _ _ _

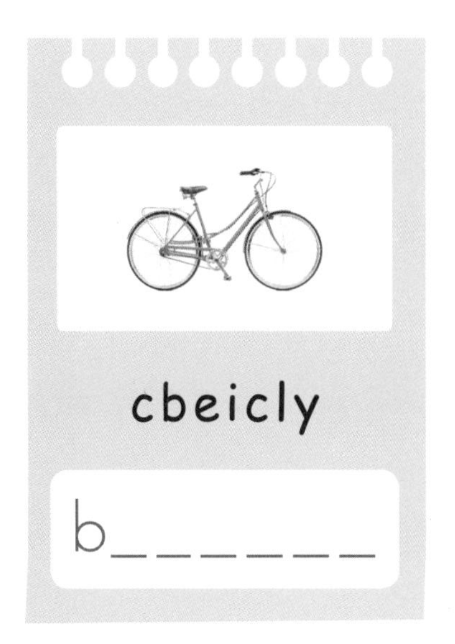

cbeicly

b_ _ _ _ _ _

Review TEST

TEST 5 다음 단어에 어울리는 사진과 뜻을 바르게 연결하세요.

okay

fight

firefighter

괜찮은

소방관

싸우다

TEST 6 빈칸에 들어갈 단어를 보기 에서 골라 넣으세요.

보기 front | welcome | restaurant | place | kid

엄마랑 멍뭉이랑 restaurant과 카페에 갔어.

그런데 front에 ________와 애완동물은

아무 곳에도 들어갈 수 없다고 하잖아!

아이와 동물이 갈 수 없는 ________는 왜 이렇게 많은 거지?

우리 집은 언제나 ________인데 말이야!

TEST 7 이야기를 생각하며 다음 문장에 어울리는 단어에 동그라미하세요.

1. Wan takes | falls off his bicycle.
2. Wan and Mom are in front | back of a restaurant.
3. Dad doesn't sleep | wake up.
4. Wan tickles Dad's teeth | toes .

TEST 8 다음 상자에서 사진에 어울리는 단어를 찾아서 묶으세요.

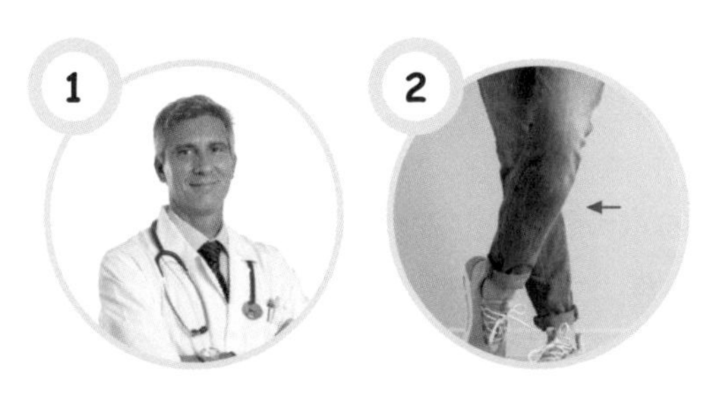

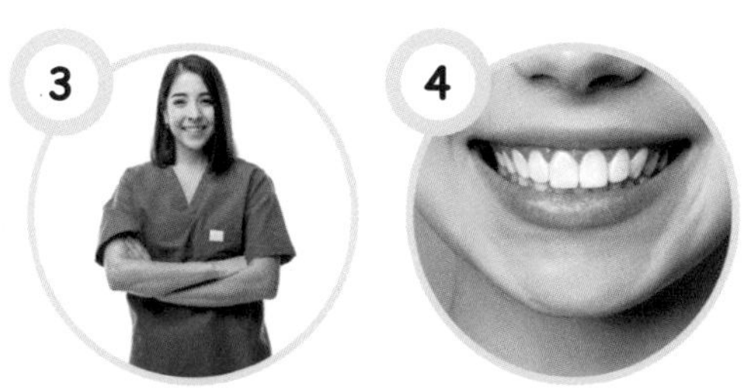

s	e	a	b	u	s	n	n
t	d	e	e	l	e	g	u
s	z	o	n	a	k	e	r
m	s	e	c	i	o	r	s
j	t	e	e	t	h	l	e
h	i	b	c	r	o	w	z
i	l	w	k	i	n	r	r

Day 26

엄마가 바라는 것은?

- ☑ cake
- ☑ candle
- ☑ card
- ☑ present
- ☑ wish

· **bring** 가져오다

STEP 1 다음 그림을 보고 이야기를 들으면서 단어를 확인하세요.

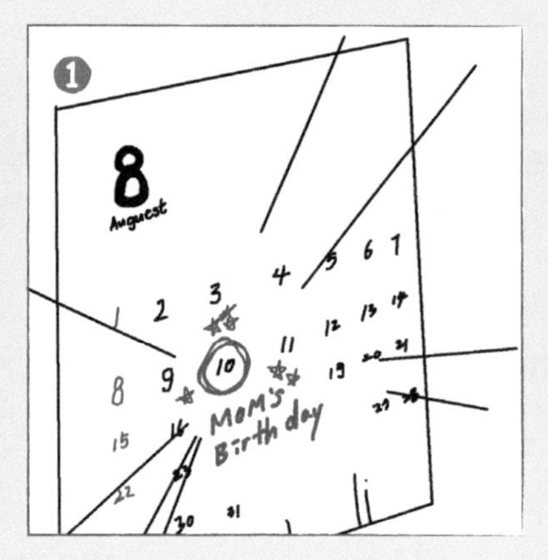

❶ It's Mom's birthday.
엄마 생일이에요.

---

❷ Dad brings a **cake** and **candles**.
아빠가 **케이크**와 **초**를 가져오셨어요.

---

❸ Sunny brings a **card**.
Wan brings a **present**.
써니는 **카드**를 가져와요. 완이는 **선물**을 가져와요.

---

❹ "Make a **wish**, Mom!"
"Hmm…, I wish…."
"**소원** 빌어요, 엄마!" "음…, 내가 바라는 건…."

STEP 2 단어의 소리와 뜻을 확인하세요.

cake	candle	card	present	wish
케이크	초	카드	선물	소원

STEP 3 완이의 일기에 나오는 단어를 따라 쓰세요.

오늘은 엄마의 생일!

아빠는 cake와 candle을,

써니는 엄마에게 쓴 card를,

나는 present를 준비했지.

그런데 엄마는 wish가 따로 있으신가 봐!

STEP 4 보기 의 단어를 참고하여 빈칸에 알맞은 철자를 쓰세요.

보기 card | wish | candle | cake | present

Dad brings a [ ]ake and cand[ ]es.

Sunny brings a c[ ]rd. Wan brings a pre[ ]ent.

"Make a wis[ ], Mom!"

STEP 5 단어와 설명을 보고 알맞은 뜻을 쓰세요.

단어	설명	뜻
cake	초를 꽂기도 하며 특별한 날에 먹는 빵은?	
candle	가운데 심지가 있어 불을 붙여 빛을 내는 물건은?	
card	축하나 기념할 때 쓰는 편지보다 작은 종이는?	
present	고맙거나 축하의 뜻으로 주는 물건은?	
wish	간절히 이루어지기를 바라는 것은?	

STEP 6 이야기를 생각하며 단어를 쓰세요.

cake

candle

card

present

wish

STEP 7 액세서리와 관련된 단어를 잘 듣고 쓰세요.

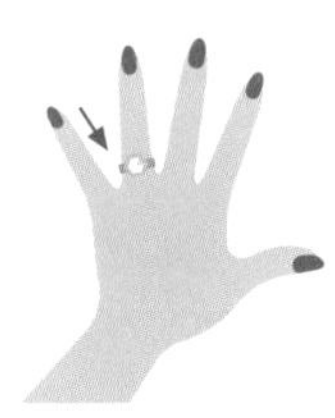

ring 반지

ring

necklace 목걸이

necklace

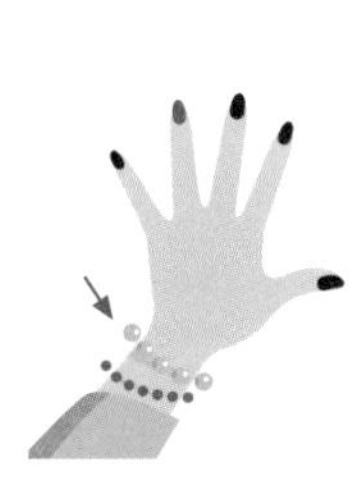

bracelet 팔찌

bracelet

hairpin 머리핀

hairpin

Day 27

할머니의 시골집

- beautiful
- flow
- lake
- up
- hill

· **nearby** 가까운 곳에
· **take a nap** 낮잠 자다

STEP 1 다음 그림을 보고 이야기를 들으면서 단어를 확인하세요.

❶ Grandma's house is really **beautiful**.
할머니 집은 정말 아름다워요.

❷ A river **flows** beside the house.
집 옆에는 강이 흘러요.

❸ There's a **lake** nearby.
근처에 호수도 있지요.

❹ I go **up** the **hill** and take a nap.
나는 언덕 위로 가서 낮잠도 자요.

STEP 2 단어의 소리와 뜻을 확인하세요.

beautiful	flow	lake	up	hill
아름다운	흐르다	호수	위로	언덕

STEP 3 완이의 일기에 나오는 단어를 따라 쓰세요.

할머니의 시골집은 정말 beautiful해.

집 옆에는 강이 flow하고,

근처에는 lake도 있어.

가끔은 동네 hill에 up으로 가서 놀기도 해.

나는 할머니 집이 참 좋아!

STEP 4 보기 의 단어를 참고하여 빈칸에 알맞은 철자를 쓰세요.

보기 flow | hill | beautiful | lake | up

Grandma's house is really be☐utiful.

A river f☐ows beside the house.

There's a lak☐ nearby.

I go u☐ the h☐ll and take a nap.

STEP 5 단어와 설명을 보고 알맞은 뜻을 쓰세요.

- beautiful 즐거움과 만족을 줄 만큼 예쁘고 고운 것은?
- flow 물이나 공기가 이어서 움직이는 모습은?
- lake 땅이 우묵하게 들어가 물이 괴어 있는 곳은?
- up 높은 곳으로 움직여 가는 것은?
- hill 땅이 비탈지고 조금 높은 곳은?

STEP 6 이야기를 생각하며 단어를 쓰세요.

beautiful

flow

lake

up

hill

STEP 7 시골 풍경과 관련된 단어를 잘 듣고 쓰세요.

country 시골

country

valley 계곡

valley

pond 연못

pond

field 들판

field

Day 28

가위, 바위, 보!

- paper
- scissors
- win
- throw
- glue

· throw paper 보를 내다

STEP 1 다음 그림을 보고 이야기를 들으면서 단어를 확인하세요.

❶ "Rock, paper, scissors!"
"바위, 보, 가위!(가위, 바위, 보!)"

❷ Sunny wins!
써니가 이겨요!

❸ Sunny throws paper,
and Wan throws one finger.
써니는 보를 내고, 완이는 손가락 하나를 내요.

❹ "What is this?"
"This is glue! I win!"
"이게 뭐야?"
"이건 풀이야! 내가 이겼어!"

STEP 2 단어의 소리와 뜻을 확인하세요.

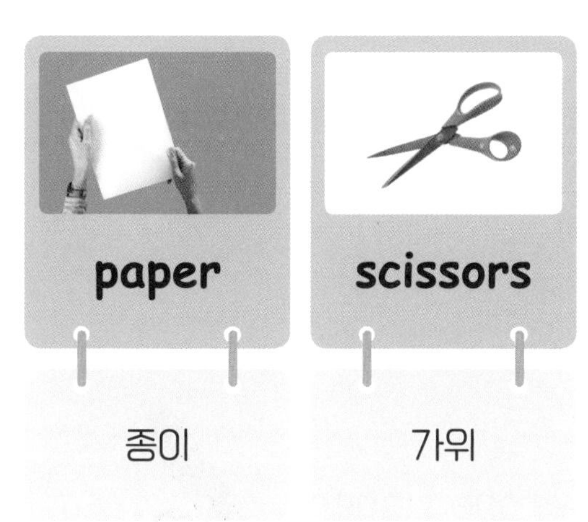

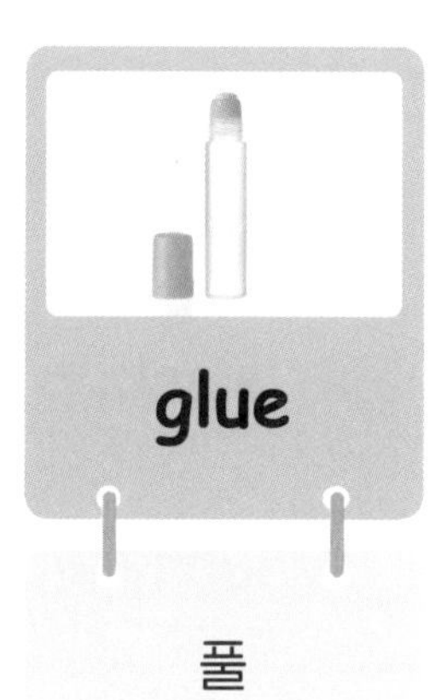

paper	scissors	win	throw	glue
종이	가위	이기다	던지다	풀

STEP 3 완이의 일기에 나오는 단어를 따라 쓰세요.

써니랑 'scissors, 바위, paper' 놀이를 했어.

그런데 자꾸만 써니가 win 하는 거야.

써니가 '보'를 throw하길래

나는 바위를 내려다가 손가락 하나를 폈어.

glue로 종이를 붙이면, 내가 이기는 거니까!

STEP 4 보기 의 단어를 참고하여 빈칸에 알맞은 철자를 쓰세요.

보기 scissors | paper | glue | win | throw

"Rock, p[ ]per, sciss[ ]rs!"

Sunny w[ ]ns!

Sunny thro[ ]s paper, and Wan throws one finger.

"This is glu[ ]!"

STEP 5 단어와 설명을 보고 알맞은 뜻을 쓰세요.

- paper 주로 글을 쓰거나 그림을 그릴 때 쓰는 얇은 물건은? [ ]
- scissors 옷감, 종이, 머리털 따위를 자르는 기구는? [ ]
- win 내기나 싸움에서 재주나 힘을 겨루어 우위를 차지하는 것은? [ ]
- throw 손에 든 물건을 멀리 날려 보내는 행동은? [ ]
- glue 무엇을 붙이는 데 쓰는 물건은? [ ]

STEP 6 이야기를 생각하며 단어를 쓰세요.

paper

scissors

win

throw

glue

STEP 7 학생이 쓰는 물건과 관련된 단어를 잘 듣고 쓰세요.

pen 펜

pen

notebook 공책

notebook

compass 나침반

compass

ruler 자

ruler

Day 29

깜빡 잠이 들었어요

- school
- late
- morning
- evening
- ready

STEP 1 다음 그림을 보고 이야기를 들으면서 단어를 확인하세요.

❶ "Wan, wake up. You have to go to **school**!"
"완아, 일어나. **학교** 가야지!"

---

❷ "I'm **late**! Oh, no!"
"**늦었다**! 아, 어떡해!"

---

❸ Wan doesn't know if it is **morning** or **evening**.
완이는 **아침**인지 **저녁**인지 모르겠어요.

---

❹ Mom smiles, "Dinner's **ready**."
엄마가 웃어요, "저녁 **준비됐다**."

· if ~인지 아닌지

STEP 2 단어의 소리와 뜻을 확인하세요.

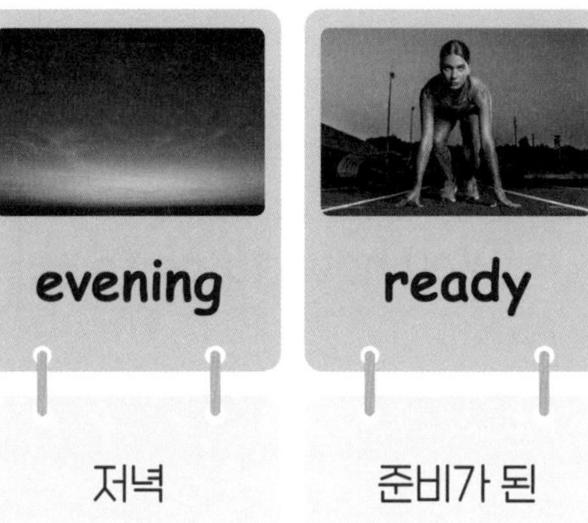

school	late	morning	evening	ready
학교	늦은	아침	저녁	준비가 된

STEP 3 완이의 일기에 나오는 단어를 따라 쓰세요.

숙제하다가 깜빡 잠이 들었는데,

엄마가 school에 가라고 깨우는 거야.

벌써 morning이라고? 큰일났다, late!

조금 이상해서 밖을 보니 evening이잖아!

저녁 식사 ready를 다 한 엄마가 웃음을 터트리셨어.

STEP 4 보기 의 단어를 참고하여 빈칸에 알맞은 철자를 쓰세요.

보기 evening | morning | ready | late | school

"You have to go to sc☐ool!"

"I'm l☐te!"

Wan doesn't know if it is mo☐ning or e☐ening.

Mom smiles, "Dinner's r☐ady."

STEP 5 단어와 설명을 보고 알맞은 뜻을 쓰세요.

- ☑ school 선생님이 학생을 공식적으로 가르치는 곳은? ☐
- ☑ late 정해진 시간보다 지난 때는? ☐
- ☑ morning 날이 새고 난 이후부터 정오까지의 동안은? ☐
- ☑ evening 해가 질 무렵부터 밤이 되기까지의 동안은? ☐
- ☑ ready 미리 마련하여 갖추어진 것은? ☐

STEP 6 이야기를 생각하며 단어를 쓰세요.

school

late

morning

evening

ready

STEP 7 식사와 관련된 단어를 잘 듣고 쓰세요.

meal 음식

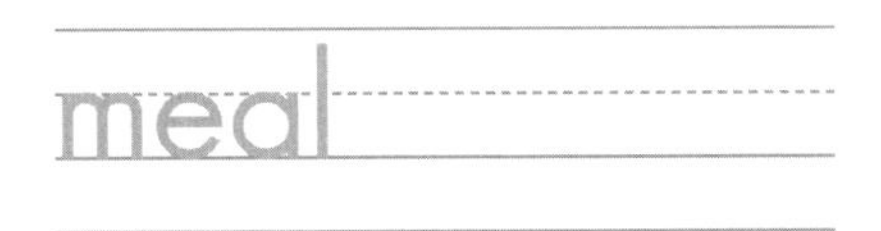

dessert 디저트

dessert

steak 스테이크

supper (간단한) 저녁 식사

supper

Day 30

자꾸만 사라지는 지우개

- pencil
- pencil case
- push
- eraser
- again

STEP 1 다음 그림을 보고 이야기를 들으면서 단어를 확인하세요.

❶ Five **pencils** live in a **pencil case**.
연필 다섯 자루가 필통 안에서 살아요.

❷ "Don't **push**!"
The pencils fight every day.
"밀지 마!" 연필들은 맨날 싸워요.

❸ The **eraser** is angry, so it runs away.
지우개는 화가 나서, 달아나 버려요.

❹ "Wan, so you don't know where your eraser is **again**?"
"완아, 그래서 네 지우개 어디 있는지 또 모른다고?"

STEP 2 단어의 소리와 뜻을 확인하세요.

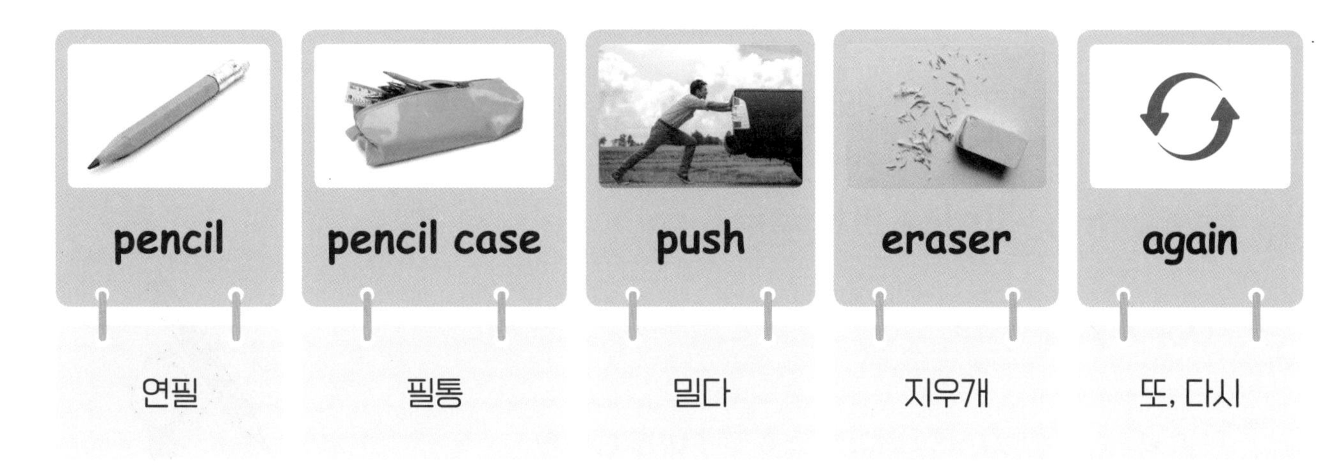

pencil	pencil case	push	eraser	again
연필	필통	밀다	지우개	또, 다시

STEP 3 완이의 일기에 나오는 단어를 따라 쓰세요.

내 pencil case에는 다섯 개의 pencil이 살고 있어.

eraser도 함께 살고 있지.

그런데 필통이 좁은지 맨날 push하고 서로 싸우기만 했어.

지우개는 너무 화가 나서 필통 밖으로 멀리 가출해 버렸어.

정말 내가 지우개를 again 잃어버린 게 아니야!

STEP 4 보기 의 단어를 참고하여 빈칸에 알맞은 철자를 쓰세요.

보기 eraser | again | push | pencil case | pencil

Five pen☐ils live in a pencil ca☐e.

"Don't pus☐!"

The e☐aser is angry, so it runs away.

"Wan, so you don't know where your eraser is ag☐☐n?"

STEP 5 단어와 설명을 보고 알맞은 뜻을 쓰세요.

- pencil 흑연으로 심을 만들고 나무로 겉을 싼 필기 도구는?
- pencil case 필기구를 보관하는 물건은?
- push 뒤에서 힘을 가하여 앞으로 움직이게 하는 행위는?
- eraser 글씨나 그림 따위를 지우는 물건은?
- again 하던 일을 되풀이하는 행동은?

STEP 6 이야기를 생각하며 단어를 쓰세요.

pencil

pencil case

push

eraser

again

STEP 7 미술 용품과 관련된 단어를 잘 듣고 쓰세요.

colored pencil 색연필

colored pencil

sketchbook 스케치북

sketchbook

colored paper 색종이

colored paper

crayon 크레파스

crayon

TEST 1 다음 사진에 어울리는 단어를 바르게 연결하세요.

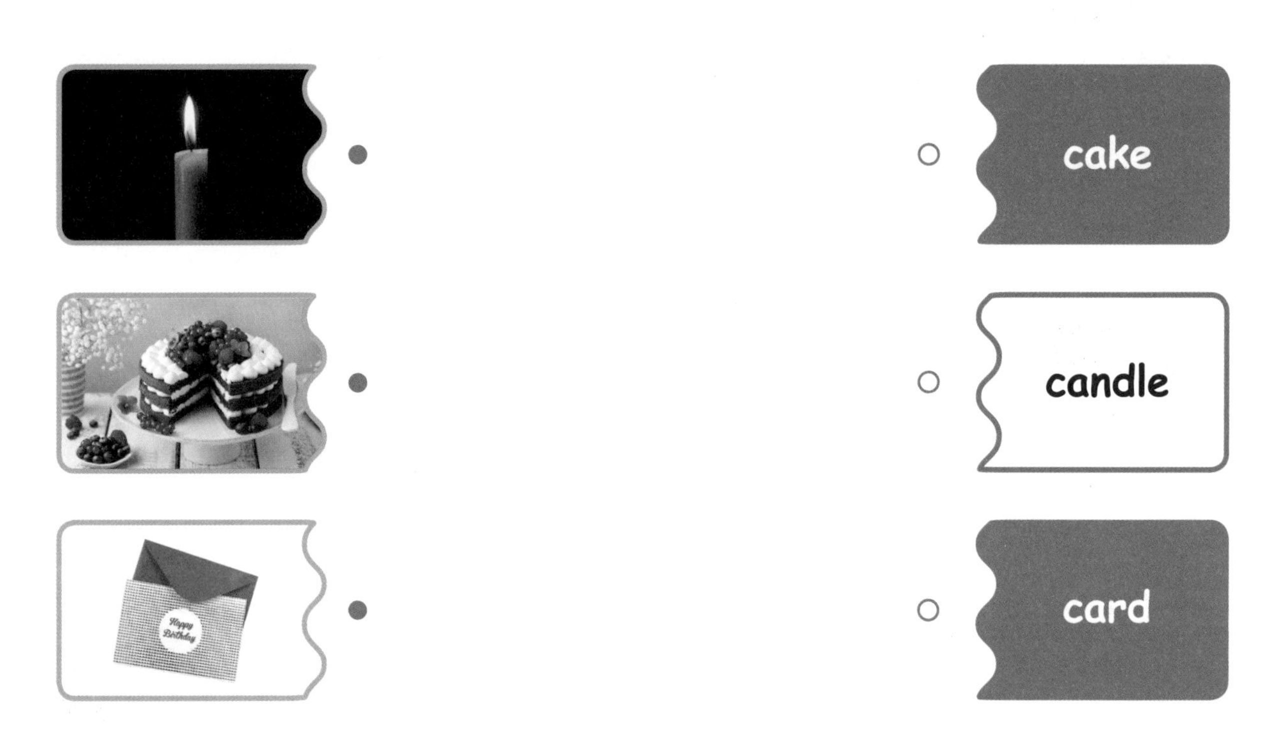

TEST 2 다음 상자에서 뜻에 알맞은 단어를 찾고 철자를 쓰세요.

cpoagainehillormeupuro

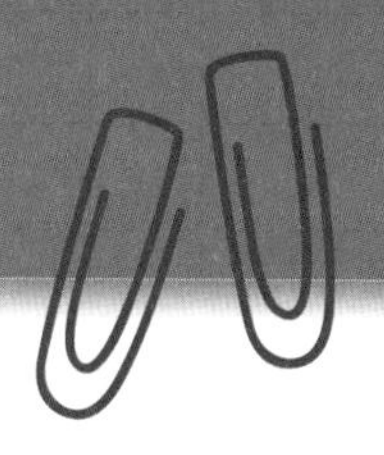

TEST 3 다음 단어에 알맞은 뜻에 동그라미하세요.

throw	flow	beautiful
잡다 | 던지다	얼다 | 흐르다	아름다운 | 못생긴

late	win	ready
일찍 | 늦은	이기다 | 비기다	준비가 된 | 시작된

TEST 4 다음 사진에 알맞은 단어의 철자를 순서대로 쓰세요.

uhsp

push

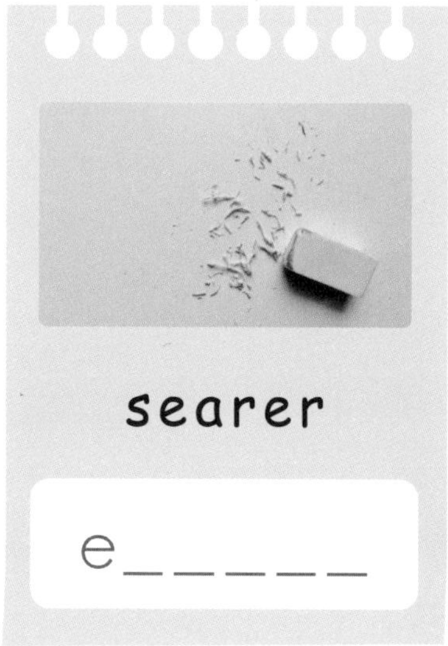

searer

e_ _ _ _ _

srepetn

p_ _ _ _ _ _

Review TEST

TEST 5 다음 단어에 어울리는 사진과 뜻을 바르게 연결하세요.

단어	사진	뜻
win		이기다
flow		소원
wish		흐르다

TEST 6 빈칸에 들어갈 단어를 보기 에서 골라 넣으세요.

보기 school | late | morning | evening | ready

숙제하다가 깜빡 잠이 들었는데,

엄마가 school에 가라고 깨우는 거야.

벌써 ________ 이라고? 큰일났다, ________ !

조금 이상해서 밖을 보니 ________ 이잖아!

저녁 식사 ________ 를 다 한 엄마가 웃음을 터트리셨어.

TEST 7 이야기를 생각하며 다음 문장에 어울리는 단어에 동그라미하세요.

1. Five (pencils | animals) live in a pencil case.
2. Rock, paper, (note | scissors)!
3. I go (up | high) the hill and take a nap.
4. Make a (slow | wish), Mom!

TEST 8 다음 상자에서 사진에 어울리는 단어를 찾아서 묶으세요.

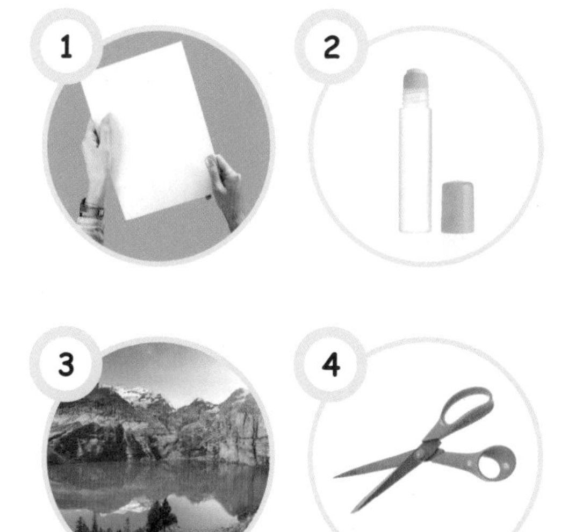

d	z	m	b	u	s	n	l
t	f	p	i	n	g	e	a
s	q	c	a	p	k	e	k
m	s	e	n	p	o	r	e
j	a	g	l	u	e	l	d
s	c	i	s	s	o	r	s
i	l	w	k	i	n	d	r

정답&

영단어 찾아보기

Day 01 18p

STEP 4 보기 의 단어를 참고하여 빈칸에 알맞은 철자를 쓰세요.

Wan opens his [u][m]brella.

Wan jum[p]s int[o] the wa[t][e]r.

It's fu[n]!

STEP 5 단어와 설명을 보고 알맞은 뜻을 쓰세요.

- umbrella 비가 올 때 펴서 머리 위를 가리는 물건은? 우산
- jump 몸을 날리어 높은 곳으로 오르는 행동은? 뛰어오르다
- into 어떤 물체의 가운데 쪽으로 가는 것은? ~ 안으로
- water 강, 호수, 바다 등에 널리 있는 액체는? 물
- fun 아기자기하게 즐거운 기분이나 느낌은? 재미있는

Day 02 22p

STEP 4 보기 의 단어를 참고하여 빈칸에 알맞은 철자를 쓰세요.

The b[i]rd si[n]gs, "Tweet, tweet."

The c[a]t says, "Meow, meow."

Wan is making lo[u]d noises.

"Oh, my h[e]ad!"

STEP 5 단어와 설명을 보고 알맞은 뜻을 쓰세요.

- bird 몸에 깃털이 있고 다리가 둘이며 날아다니는 동물은? 새
- sing 음악을 목소리로 부르는 행동은? 노래하다
- cat '야옹!' 하고 울며 사뿐사뿐 걸어 다니는 동물은? 고양이
- loud 듣기 싫게 떠들썩한 것은? 시끄러운, 큰
- head 얼굴을 포함하며 머리털이 있는 부분은? 머리

Day 03 26p

STEP 4 보기 의 단어를 참고하여 빈칸에 알맞은 철자를 쓰세요.

Wan is at the denti[s][t]'s.

Wan can he[a]r, "Arrrgh!"

The dentist is smiling t[h]rough the windo[w].

"Mom, let's run a[w][a]y now!"

STEP 5 단어와 설명을 보고 알맞은 뜻을 쓰세요.

- dentist 아픈 이를 고쳐주거나 잇몸을 치료하는 의사는? 치과, 치과의사
- hear 귀를 통해 소리를 알아차리는 행동은? 듣다
- through 어떤 것을 거쳐서 지나가는 것은? ~을 통해서
- window 밖을 내다볼 수 있도록 벽이나 지붕에 낸 문은? 창문
- away 이곳이 아닌 장소로 거리를 두고 향하는 상태는? 다른 데로, 떨어져

Day 04 30p

STEP 4 보기 의 단어를 참고하여 빈칸에 알맞은 철자를 쓰세요.

"My teacher was angry [t]oday."

"I didn't do my hom[e][w]ork."

"I'll do homework for tomor[r]o[w]!

I prom[i][s]e!"

"So··· can I play some gam[e]s now?"

STEP 5 단어와 설명을 보고 알맞은 뜻을 쓰세요.

- today 지금 지나가고 있는 이날은? 오늘
- homework 복습이나 예습을 위해 방과 후에 내 주는 과제는? 숙제
- tomorrow 오늘의 바로 다음 날은? 내일
- promise 다른 사람과 앞으로의 일을 미리 정하는 일은? 약속하다
- game 컴퓨터나 스마트폰으로 승부를 겨루는 놀이는? 게임

Day 05 34p

STEP 4 보기 의 단어를 참고하여 빈칸에 알맞은 철자를 쓰세요.

Wan reads a bo[o]k.
Wan is sle[e]py.
Watching TV nev[e][r] makes Wan sleepy.
Wan [a]sks,
"Why do I always [f]eel sleepy when I read?"

STEP 5 단어와 설명을 보고 알맞은 뜻을 쓰세요.

- book 종이를 여러 장 묶어서 만든, 읽는 물건은? — 책
- sleepy 눈꺼풀이 무거워지며 자고 싶은 느낌은? — 졸린
- never 어떤 경우에도 절대로 아닌 것은? — 결코~않다
- ask 상대방에게 대답이나 설명을 요구하며 하는 말은? — 묻다
- feel 감각을 통해 어떤 자극을 깨닫는 것은? — 느끼다

Review TEST 1 36 ~ 39p

TEST 1 다음 사진에 어울리는 단어를 바르게 연결하세요.

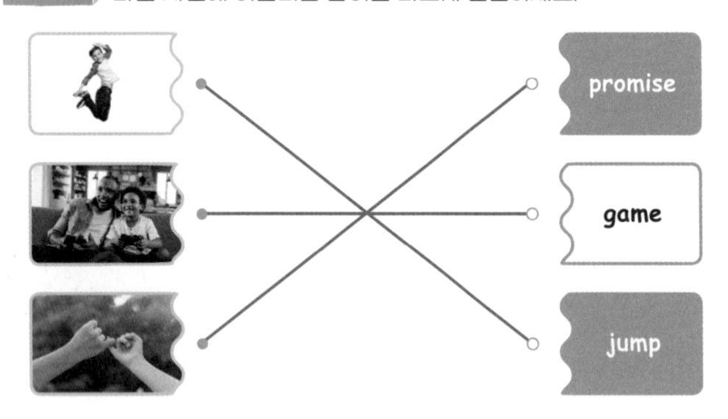

TEST 2 다음 상자에서 뜻에 알맞은 단어를 찾고 철자를 쓰세요.

듣다	묻다	~안으로
hear	ask	into

TEST 3 다음 단어에 알맞은 뜻에 동그라미하세요.

loud	never	feel
조용한 | (시끄러운)	(절대 ~ 않다) | 좋아하다	만지다 | (느끼다)

water	through	happy
(물) | 우유	~안에서 | (~을 통해서)	슬픈 | (행복한)

TEST 4 다음 사진에 알맞은 단어의 철자를 순서대로 쓰세요.

selpey	womehork	gins
sleepy	homework	sing

TEST 5 다음 단어에 어울리는 사진과 뜻을 바르게 연결하세요.

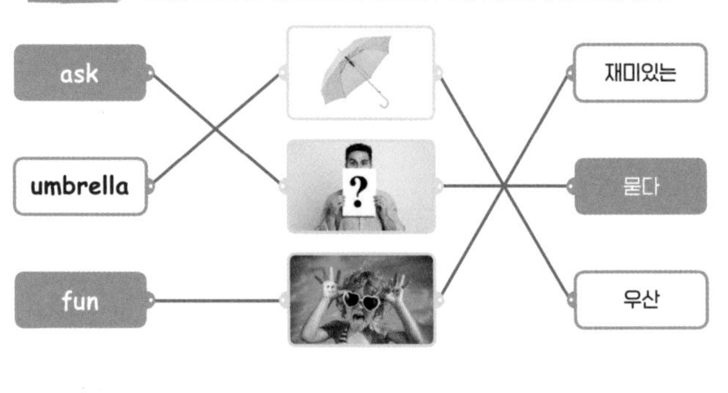

TEST 6 빈칸에 들어갈 단어를 보기 에서 골라 넣으세요.

보기 dentist | hear | through | window | away

이가 아파서 dentist에 갔어. 그런데 무서운 소리를 hear했어.
조용히 window를 through해서 보았지.
분명히 치과의사 선생님은 웃고 계셨어!
맙소사! 이건 호러 영화의 한 장면이잖아!
엄마, 지금 당장 away 도망쳐야 한다고요!

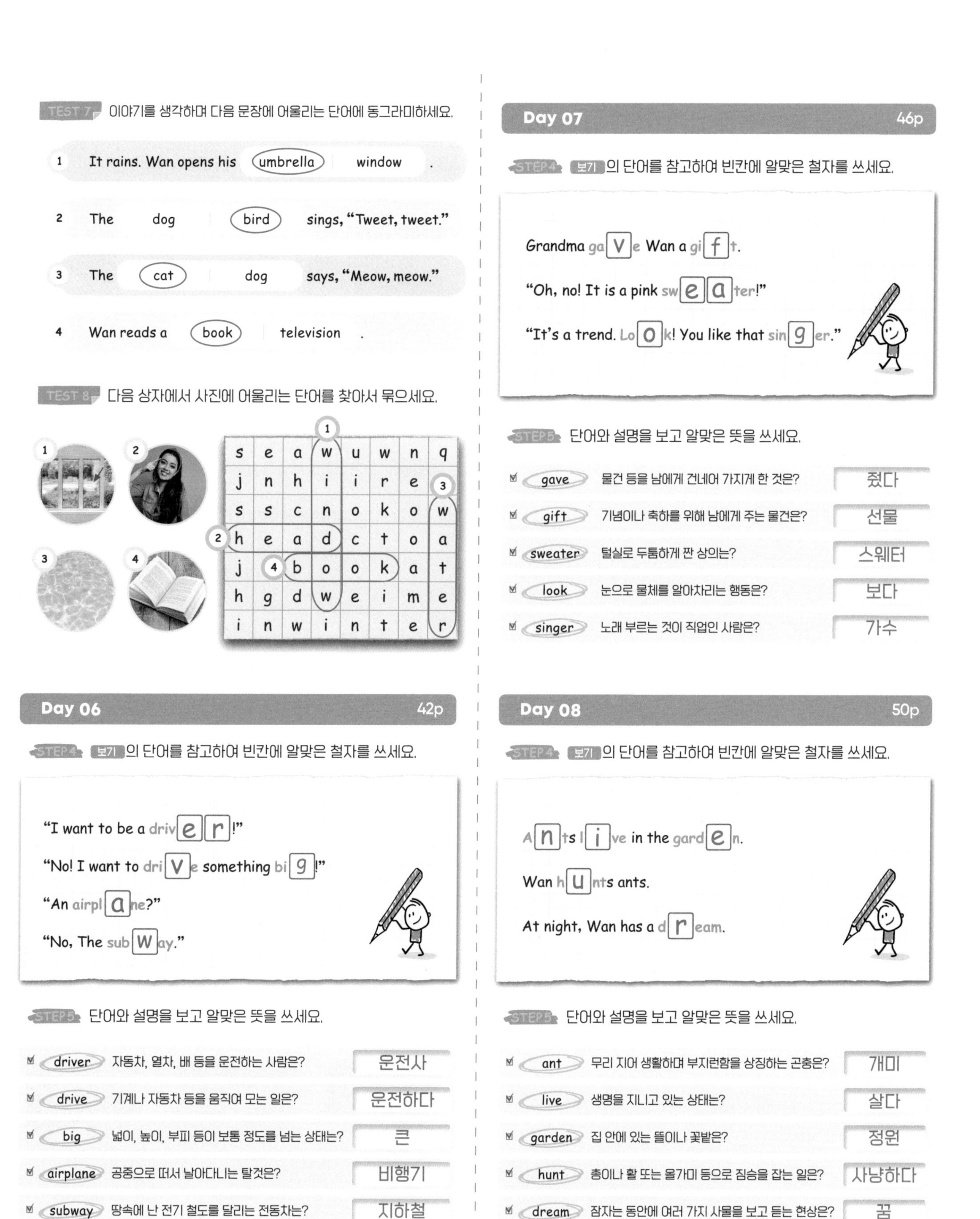

TEST 7 이야기를 생각하며 다음 문장에 어울리는 단어에 동그라미하세요.

1 It rains. Wan opens his (umbrella) window .

2 The dog (bird) sings, "Tweet, tweet."

3 The (cat) dog says, "Meow, meow."

4 Wan reads a (book) television .

TEST 8 다음 상자에서 사진에 어울리는 단어를 찾아서 묶으세요.

s	e	a	w	u	w	n	q
j	n	h	i	i	r	e	3
s	s	c	n	o	k	o	w
h	e	a	d	c	t	o	a
j	4	b	o	o	k	a	t
h	g	d	w	e	i	m	e
i	n	w	i	n	t	e	r

Day 06 42p

STEP 4 보기의 단어를 참고하여 빈칸에 알맞은 철자를 쓰세요.

"I want to be a driv[e][r]!"

"No! I want to dri[v]e something bi[g]!"

"An airpl[a]ne?"

"No, The sub[w]ay."

STEP 5 단어와 설명을 보고 알맞은 뜻을 쓰세요.

driver	자동차, 열차, 배 등을 운전하는 사람은?	운전사
drive	기계나 자동차 등을 움직여 모는 일은?	운전하다
big	넓이, 높이, 부피 등이 보통 정도를 넘는 상태는?	큰
airplane	공중으로 떠서 날아다니는 탈것은?	비행기
subway	땅속에 난 전기 철도를 달리는 전동차는?	지하철

Day 07 46p

STEP 4 보기의 단어를 참고하여 빈칸에 알맞은 철자를 쓰세요.

Grandma ga[v]e Wan a gi[f]t.

"Oh, no! It is a pink sw[e][a]ter!"

"It's a trend. Lo[o]k! You like that sin[g]er."

STEP 5 단어와 설명을 보고 알맞은 뜻을 쓰세요.

gave	물건 등을 남에게 건네어 가지게 한 것은?	줬다
gift	기념이나 축하를 위해 남에게 주는 물건은?	선물
sweater	털실로 두툼하게 짠 상의는?	스웨터
look	눈으로 물체를 알아차리는 행동은?	보다
singer	노래 부르는 것이 직업인 사람은?	가수

Day 08 50p

STEP 4 보기의 단어를 참고하여 빈칸에 알맞은 철자를 쓰세요.

A[n]ts l[i]ve in the gard[e]n.

Wan h[u]nts ants.

At night, Wan has a d[r]eam.

STEP 5 단어와 설명을 보고 알맞은 뜻을 쓰세요.

ant	무리 지어 생활하며 부지런함을 상징하는 곤충은?	개미
live	생명을 지니고 있는 상태는?	살다
garden	집 안에 있는 뜰이나 꽃밭은?	정원
hunt	총이나 활 또는 올가미 등으로 짐승을 잡는 일은?	사냥하다
dream	잠자는 동안에 여러 가지 사물을 보고 듣는 현상은?	꿈

Day 09 54p

STEP 4 보기의 단어를 참고하여 빈칸에 알맞은 철자를 쓰세요.

M[a]th is boring!

Wan draws a du[c]k.

"I want to chang[e] math to art!"

"Your tea[c][h]er is b[e]hind you, Wan!"

STEP 5 단어와 설명을 보고 알맞은 뜻을 쓰세요.

단어	설명	뜻
math	수에 관하여 배우는 교과목은?	수학
duck	발가락 사이에 물갈퀴가 있고 부리가 편평한 동물은?	오리
change	원래 있던 것을 없애고 다른 것으로 대신하는 상황은?	바꾸다
teacher	학생을 가르치는 사람은?	선생님
behind	무엇의 앞의 반대쪽은?	뒤에

Day 10 58p

STEP 4 보기의 단어를 참고하여 빈칸에 알맞은 철자를 쓰세요.

"You are wearing a ne[w] jack[e]t!"

"It has man[y] p[o]ckets."

"Wan, you look just like… a s[n]owman!"

STEP 5 단어와 설명을 보고 알맞은 뜻을 쓰세요.

단어	설명	뜻
new	지금까지 있었던 적이 없는 것은?	새로운
jacket	앞이 터지고 소매가 달린 짧은 상의는?	재킷
many	일정한 기준을 넘어서 아주 여럿인 것은?	많은
pocket	자질구레한 물품 등을 넣기 좋게 만든 물건은?	주머니
snowman	눈을 뭉쳐서 사람 모양으로 만든 모형은?	눈사람

Review TEST 2 60 ~ 63p

TEST 1 다음 사진에 어울리는 단어를 바르게 연결하세요.

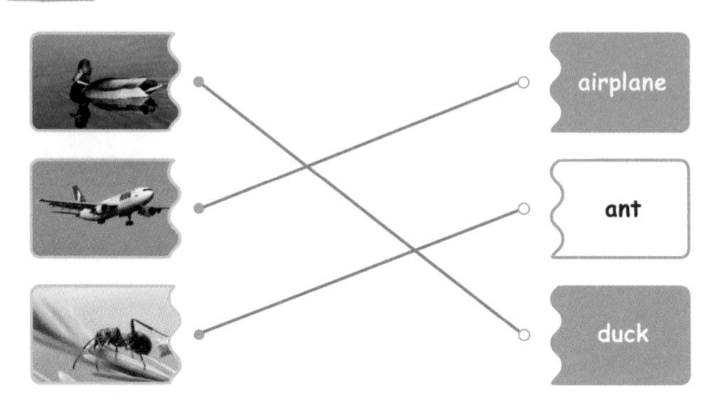

TEST 2 다음 상자에서 뜻에 알맞은 단어를 찾고 철자를 쓰세요.

adnewersbigdreamot

꿈	큰	새로운
dream	big	new

TEST 3 다음 단어에 알맞은 뜻에 동그라미하세요.

drive	live	gift
운동하다 | (운전하다)	(살다) | 사다	(선물) | 주머니

look	gave	driver
(보다) | 듣다	받았다 | (줬다)	(운전사) | 요리사

TEST 4 다음 사진에 알맞은 단어의 철자를 순서대로 쓰세요.

ahtm	sgienr	busyaw
math	singer	subway

TEST 5 다음 단어에 어울리는 사진과 뜻을 바르게 연결하세요.

TEST 6 빈칸에 들어갈 단어를 보기에서 골라 넣으세요.

보기 new | snowman | many | pocket | jacket

오늘은 new jacket을 입고 학교에 갔어.

나는 pocket이 많은 옷이 좋아.

주머니가 many 한 옷은 정말 편리하거든.

준이에게 주머니를 모두 뒤집어 보여 줬는데,

어라, snowman이 돼 버렸잖아!

TEST 7 이야기를 생각하며 다음 문장에 어울리는 단어에 동그라미하세요.

1 I want to be a drive (driver) .

2 Grandma gave Wan a (gift) give .

3 I want to (change) live math to art!

4 Wan (hunts) drives ants.

TEST 8 다음 상자에서 사진에 어울리는 단어를 찾아서 묶으세요.

s	e	a	b	u	s	n	q
t	r	e	e	i	r	e	d
s	s	n	h	w	y	o	k
m	3	g	i	f	t	i	r
j	d	b	n	v	m	a	t
h	g	2	d	u	c	k	z
4	a	i	r	p	l	a	n	e

Day 11 68p

STEP 4 보기의 단어를 참고하여 빈칸에 알맞은 철자를 쓰세요.

Wan's family goes camp[i]ng.

"What is this so[u]nd?"

"Or a w[i]ld pig?" Wan is afr[a]id.

"It is just a rab[b]it!"

STEP 5 단어와 설명을 보고 알맞은 뜻을 쓰세요.

- camping 산 또는 바닷가에서 텐트를 치고 야영하는 일은? 캠핑
- sound 귀에 들리는 것은? 소리
- wild 사람이 기르지 않고 산이나 들에서 저절로 자라는 것은? 야생의
- afraid 어떤 대상을 무서워하여 마음이 불안한 느낌은? 겁내는
- rabbit 귀가 길고 깡충깡충 뛰어다니는 동물은? 토끼

Day 12 72p

STEP 4 보기의 단어를 참고하여 빈칸에 알맞은 철자를 쓰세요.

Wan smiles and pre[s]ses all the butt[o]ns.

The el[e]v[a]tor stops at every flo[o][r].

The sec[o]nd, third, and fourth floors!

STEP 5 단어와 설명을 보고 알맞은 뜻을 쓰세요.

- press 힘을 주어 미는 것은? 누르다
- button 전류를 끊거나 이어 주며 기계를 조작하는 장치는? 버튼
- elevator 사람이나 화물을 아래위로 실어 나르는 시설은? 엘리베이터
- floor 건물에서 같은 높이를 이루는 부분은? 층
- second 첫 번째의 다음 순서는? 두 번째의

Day 13 76p

STEP 4 보기의 단어를 참고하여 빈칸에 알맞은 철자를 쓰세요.

"I want to have a rob[o]t, Mom!"

"You can get it on your birt[h]day."

"And it is [J]une now."

"Yes, in Octo[b]er. It stil comes before C[h]ris[t]mas."

STEP 5 단어와 설명을 보고 알맞은 뜻을 쓰세요.

단어	설명	뜻
robot	인간과 비슷한 모습으로 스스로 움직이는 기계는?	로봇
birthday	세상에 태어난 날은?	생일
June	5월의 다음 달이자 7월의 앞의 달은?	6월
October	9월의 다음 달이자 11월의 앞의 달은?	10월
Christmas	예수의 탄생을 축하하는 날은?	크리스마스

Day 14 80p

STEP 4 보기의 단어를 참고하여 빈칸에 알맞은 철자를 쓰세요.

I want to be an arc[h]itect.

So I b[u]ild som[e]thing with bloc[k]s every day.

Someday, I'll build a fam[o]us building.

STEP 5 단어와 설명을 보고 알맞은 뜻을 쓰세요.

단어	설명	뜻
architect	건축에 대한 전문적인 지식이나 기술을 가진 사람은?	건축가
build	재료를 들여 건축물을 만드는 일은?	짓다
something	모르는 사실이나 사물을 가리키는 것은?	무엇, 어떤 것
block	쌓아 올리며 노는 장난감은?	블록
famous	이름이 널리 알려지는 것은?	유명한

Day 15 84p

STEP 4 보기의 단어를 참고하여 빈칸에 알맞은 철자를 쓰세요.

Hoya is Wan's classm[a]te.

Hoya likes do[l]ls. Hoya is q[u]i[e]t.

Hoya doesn't like carr[o]ts.

"Can I he[l]p you?"

STEP 5 단어와 설명을 보고 알맞은 뜻을 쓰세요.

단어	설명	뜻
classmate	같은 교실에서 공부하는 친구는?	반 친구
doll	사람이나 동물 모양으로 만든 장난감은?	인형
quiet	아무런 소리도 들리지 않고 고요한 상황은?	조용한
carrot	원뿔 모양의 불그레한 뿌리채소는?	당근
help	남이 하는 일이 잘되도록 거들거나 힘을 보태는 행동은?	돕다

Review TEST 3 86 ~ 89p

TEST 1 다음 사진에 어울리는 단어를 바르게 연결하세요.

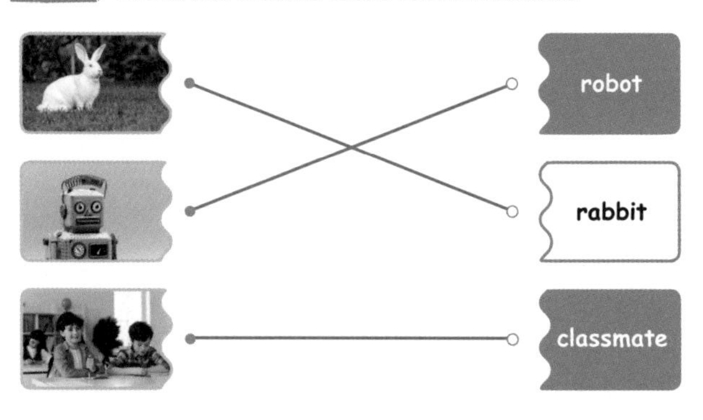

TEST 2 다음 상자에서 뜻에 알맞은 단어를 찾고 철자를 쓰세요.

TEST 3 다음 단어에 알맞은 뜻에 동그라미하세요.

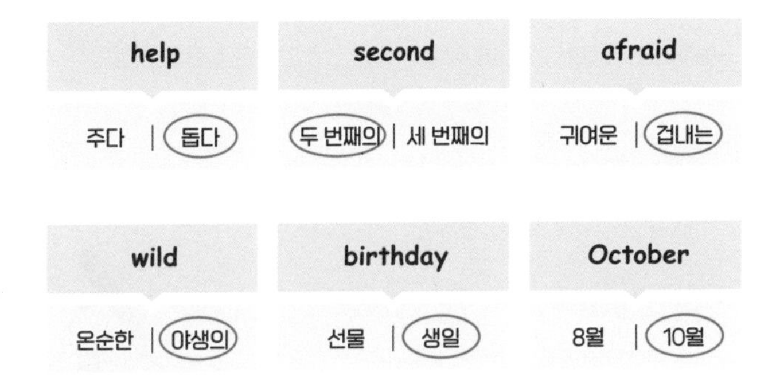

help	second	afraid
주다 | (돕다)	(두 번째의) | 세 번째의	귀여운 | (겁내는)
wild	**birthday**	**October**
온순한 | (야생의)	선물 | (생일)	8월 | (10월)

TEST 4 다음 사진에 알맞은 단어의 철자를 순서대로 쓰세요.

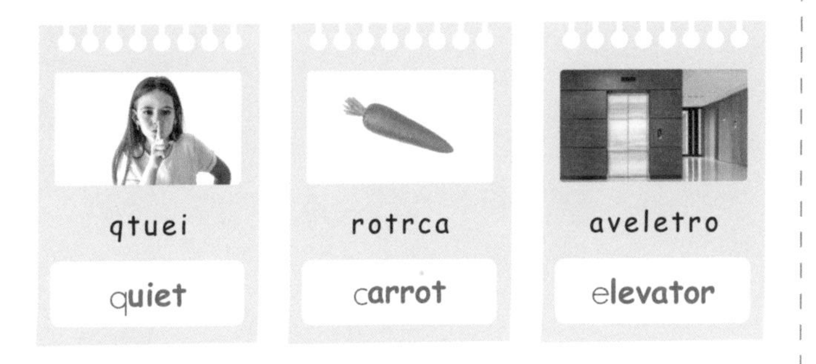

qtuei	rotrca	aveletro
quiet	carrot	elevator

TEST 5 다음 단어에 어울리는 사진과 뜻을 바르게 연결하세요.

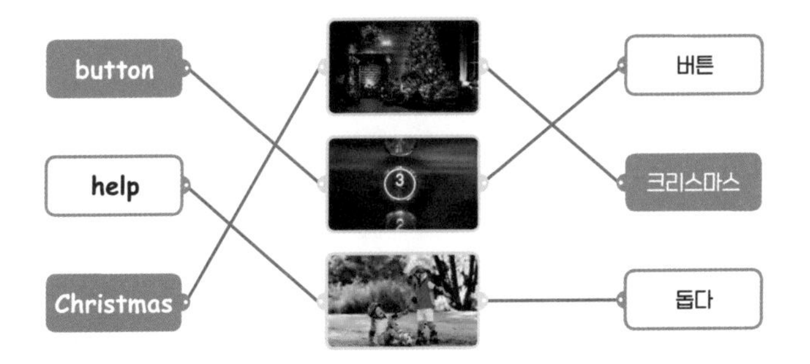

button — 버튼
help — 돕다
Christmas — 크리스마스

TEST 6 빈칸에 들어갈 단어를 보기 에서 골라 넣으세요.

보기 architect | build | something | block | famous

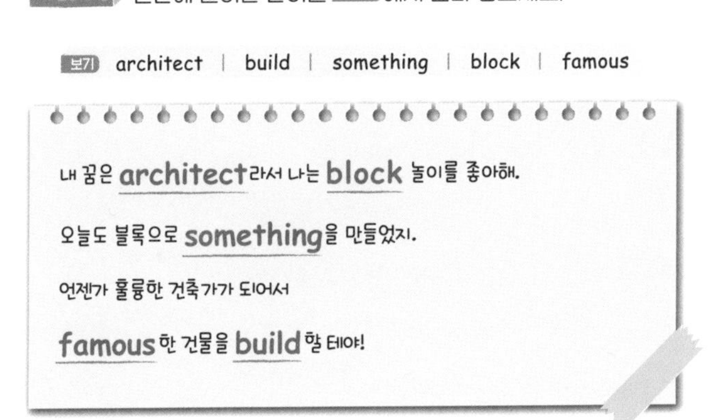

내 꿈은 architect라서 나는 block 놀이를 좋아해.
오늘도 블록으로 something을 만들었지.
언젠가 훌륭한 건축가가 되어서
famous한 건물을 build할 테야!

TEST 7 이야기를 생각하며 다음 문장에 어울리는 단어에 동그라미하세요.

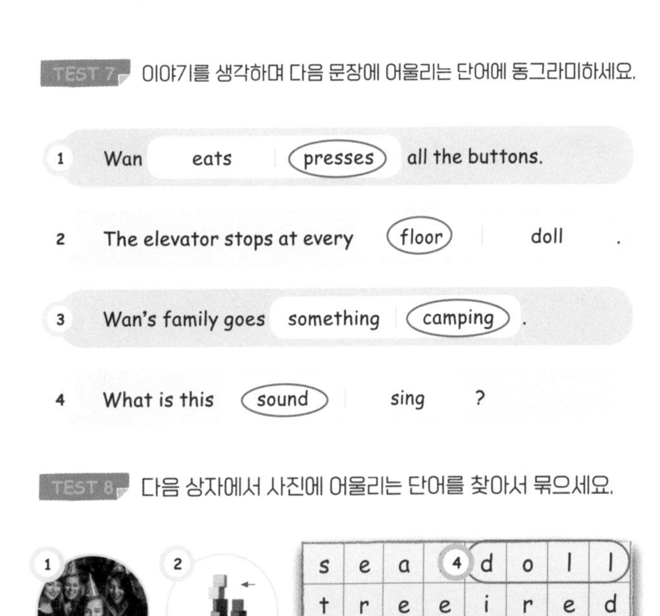

1 Wan eats (presses) all the buttons.
2 The elevator stops at every (floor) doll .
3 Wan's family goes something (camping) .
4 What is this (sound) sing ?

TEST 8 다음 상자에서 사진에 어울리는 단어를 찾아서 묶으세요.

s	e	a	d	o	l	l
t	r	e	e	i	r	e	d
b	i	r	t	h	d	a	y
m	u	h	o	c	t	o	r
j	a	J	u	n	e	t
h	g	d	d	e	n	m	z
b	l	o	c	k	d	r	o

1 birthday 2 block 3 June 4 doll

Day 16 92p

STEP 4 보기 의 단어를 참고하여 빈칸에 알맞은 철자를 쓰세요.

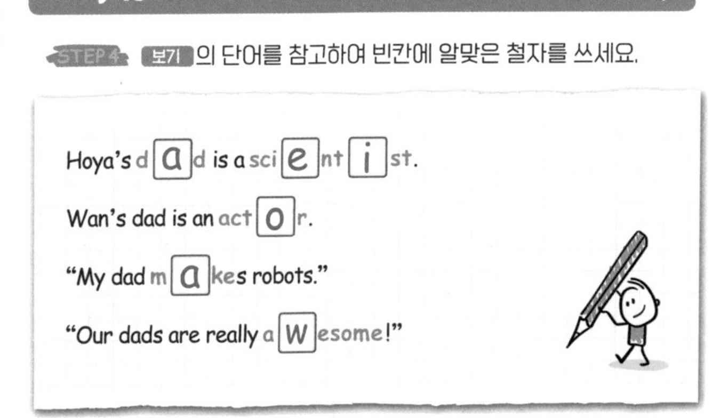

Hoya's d[a]d is a sci[e]nt[i]st.
Wan's dad is an act[o]r.
"My dad m[a]kes robots."
"Our dads are really a[w]esome!"

STEP 5 단어와 설명을 보고 알맞은 뜻을 쓰세요.

dad	'아버지'를 편하게 부르는 말은?	아빠
scientist	과학을 전문으로 연구하는 사람은?	과학자
actor	연극이나 영화 등의 인물을 연기하는 사람은?	배우
make	노력이나 기술을 통해 새로 생기게 하는 일은?	만들다
awesome	보기에 아주 좋은 모습은?	멋진

Day 17 — 96p

STEP 4 보기의 단어를 참고하여 빈칸에 알맞은 철자를 쓰세요.

Wan is playing in the play[g]ro[u]nd till late evening.

Jun is bu[s]y running. "I have to hur[r][y]!"

"No din[n]er for you!"

"Then… can I have lunc[h] again?"

STEP 5 단어와 설명을 보고 알맞은 뜻을 쓰세요.

단어	설명	뜻
playground	미끄럼틀, 그네, 시소 등이 있는 곳은?	놀이터
busy	서둘러서 해야 할 일로 시간적 여유가 없는 상황은?	바쁜
hurry	일을 빨리 해치우려고 급하게 움직이는 행동은?	서두르다
dinner	저녁에 먹는 밥은?	저녁 식사
lunch	점심에 먹는 밥은?	점심 식사

Day 18 — 100p

STEP 4 보기의 단어를 참고하여 빈칸에 알맞은 철자를 쓰세요.

"It's a h[o]liday! It's tim[e] for a t[r]ip!"

"Let's go to the ri[v]er!"

"No, let's go to a mount[a]in!"

STEP 5 단어와 설명을 보고 알맞은 뜻을 쓰세요.

단어	설명	뜻
holiday	직장에서 일정한 기간 동안 일하지 않고 쉬는 날은?	휴가
time	어떤 시각에서 다른 시각까지의 사이는?	시간
trip	집을 떠나 이곳저곳을 구경하며 다니는 일은?	여행
river	넓고 길게 흐르는 큰 물줄기는?	강
mountain	평지보다 높이 솟아 있는 땅의 한 부분은?	산

Day 19 — 104p

STEP 4 보기의 단어를 참고하여 빈칸에 알맞은 철자를 쓰세요.

Mom is happy when the s[u]n s[h]ines.

"Everything is at pe[a][c]e."

Mom tu[r]ns around and finds Wan.

"Wan, you are d[i]rty… all over!"

STEP 5 단어와 설명을 보고 알맞은 뜻을 쓰세요.

단어	설명	뜻
sun	'태양'을 일상적으로 이르는 말은?	해
shine	빛이 환하게 비치는 모양은?	빛나다
peace	평온하고 화목한 안정된 마음의 상태는?	평화
turn	원을 그리며 몸을 움직이는 행동은?	(몸을) 돌리다
dirty	때나 찌꺼기 따위가 있어 지저분한 모습은?	더러운

Day 20 — 108p

STEP 4 보기의 단어를 참고하여 빈칸에 알맞은 철자를 쓰세요.

It's one o'cl[o]ck! The dog bar[k]s, "Woof!"

Every time the [c][l]ock says,

"Coo-coo," the dog barks.

It's n[o][o]n. I have a headac[h]e!

STEP 5 단어와 설명을 보고 알맞은 뜻을 쓰세요.

단어	설명	뜻
o'clock	시각을 이르는 말 혹은 바로 그 시각은?	~시, 정각
bark	개가 시끄럽고 크게 소리를 내는 행동은?	짖다
clock	시간을 재거나 시각을 나타내는 기계는?	시계
noon	낮 열두 시를 뜻하는 것은?	정오
headache	머리가 아픈 증세는?	두통

Review TEST 4 110 ~ 113p

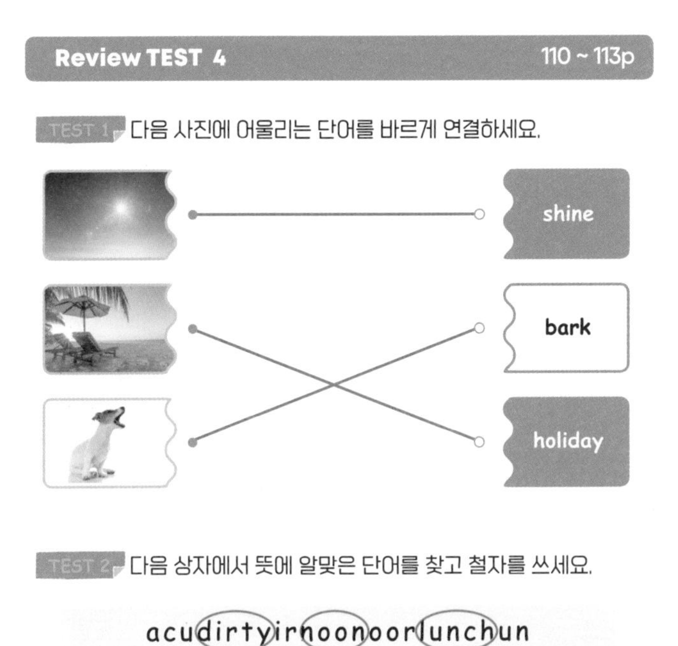

TEST 1 다음 사진에 어울리는 단어를 바르게 연결하세요.

shine

bark

holiday

TEST 2 다음 상자에서 뜻에 알맞은 단어를 찾고 철자를 쓰세요.

acudirtyirnoonoorlunchun

정오	점심 식사	더러운
noon	lunch	dirty

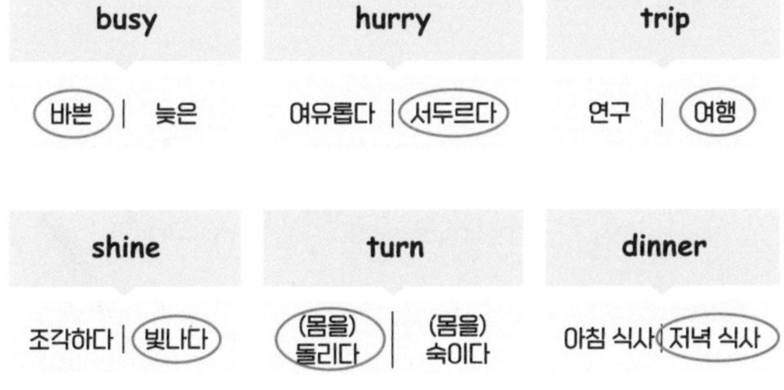

TEST 3 다음 단어에 알맞은 뜻에 동그라미하세요.

busy	hurry	trip
바쁜 | 늦은	여유롭다 | 서두르다	연구 | 여행

shine	turn	dinner
조각하다 | 빛나다	(몸을) 돌리다 | (몸을) 숙이다	아침 식사 | 저녁 식사

TEST 4 다음 사진에 알맞은 단어의 철자를 순서대로 쓰세요.

taonumin	ahcadehe	koccl
mountain	headache	clock

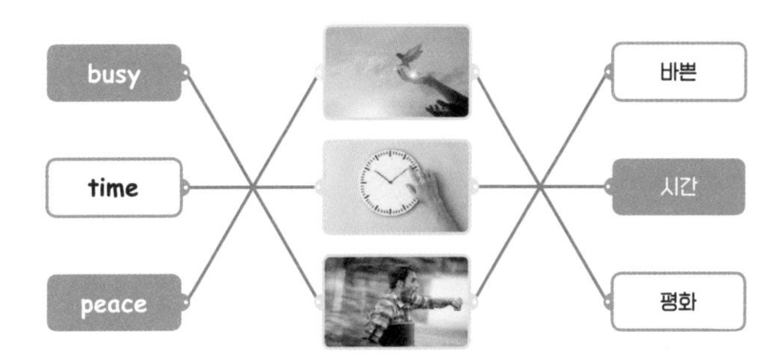

TEST 5 다음 단어에 어울리는 사진과 뜻을 바르게 연결하세요.

busy — 바쁜

time — 시간

peace — 평화

TEST 6 빈칸에 들어갈 단어를 보기 에서 골라 넣으세요.

보기 dad | scientist | actor | make | awesome

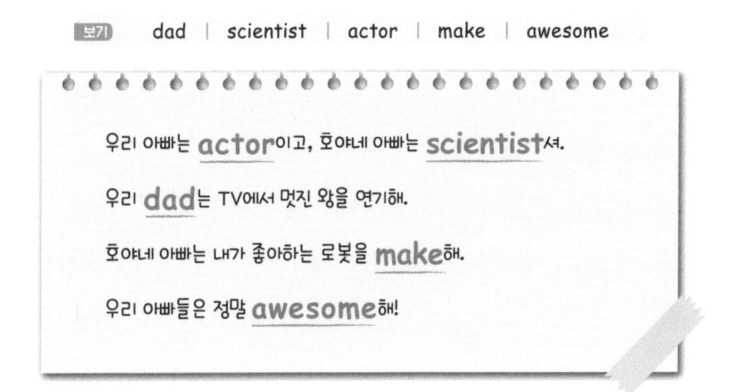

우리 아빠는 actor이고, 호야네 아빠는 scientist셔.

우리 dad는 TV에서 멋진 왕을 연기해.

호야네 아빠는 내가 좋아하는 로봇을 make해.

우리 아빠들은 정말 awesome해!

TEST 7 이야기를 생각하며 다음 문장에 어울리는 단어에 동그라미하세요.

1 It's clock | time for a trip!

2 Oh, my! I have a headache | hand !

3 Mom is happy when the sun rains | shines .

4 Wan is playing in the holiday | playground .

TEST 8 다음 상자에서 사진에 어울리는 단어를 찾아서 묶으세요.

s	e	a	b	u	s	n	q
t	l	r	i	v	e	r	
s	u	n	a	k	e	e	
m	u	d	n	r	k	o	r
j	a	a	c	t	o	r	
h	g	c	h	i	h	f	z
o	n	w	k	i	n	d	r

Day 21 118p

STEP 4 보기의 단어를 참고하여 빈칸에 알맞은 철자를 쓰세요.

"Superman is a h[e]ro."

"A firefig[h]ter and a police offi[c]er are heroes, too!"

"D[o]ctors and nur[s]es are heroes!"

STEP 5 단어와 설명을 보고 알맞은 뜻을 쓰세요.

단어	설명	뜻
hero	재능이 뛰어나고 용맹하여 어려운 일을 해내는 사람은?	영웅
firefighter	불이 나면 불을 끄고 사람을 보호하는 일을 하는 사람은?	소방관
police officer	법을 어긴 사람들을 잡거나 감시하는 사람은?	경찰관
doctor	아픈 사람을 치료하는 사람은?	의사
nurse	의사의 진료를 돕고 환자를 돌보는 사람은?	간호사

Day 22 122p

STEP 4 보기의 단어를 참고하여 빈칸에 알맞은 철자를 쓰세요.

Wan [f]alls off his bic[y]cle.

"I h[u]rt my le[g]."

"Wan, your hands are oka[y]."

STEP 5 단어와 설명을 보고 알맞은 뜻을 쓰세요.

단어	설명	뜻
fall	위에서 아래로 내려와지는 모양은?	떨어지다
bicycle	두 개의 바퀴를 다리로 굴려서 가는 탈것은?	자전거
hurt	부딪치거나 맞아서 상처가 생기게 하는 일은?	다치게 하다
leg	서고 걷고 뛰는 일을 하는 신체 부위는?	다리
okay	나쁘지 않은 것은?	괜찮은

Day 23 126p

STEP 4 보기의 단어를 참고하여 빈칸에 알맞은 철자를 쓰세요.

"I'm a capt[a]in!"

"My ad[v]ent[u]re starts!

I fig[h]t with bad guys!"

"I'll go fa[r] away and never retu[r]n!"

STEP 5 단어와 설명을 보고 알맞은 뜻을 쓰세요.

단어	설명	뜻
captain	배의 항해와 모든 문제를 다루는 최고 책임자는?	선장
adventure	위험을 무릅쓰고 어떠한 일을 하는 행위는?	모험
fight	이기려고 서로 다투는 일은?	싸우다
far	거리가 많이 떨어져 있는 모양은?	멀리
return	원래 있던 곳으로 다시 오는 행동은?	돌아오다

Day 24 130p

STEP 4 보기의 단어를 참고하여 빈칸에 알맞은 철자를 쓰세요.

Wan and Mom are in fr[o]nt of a rest[a]ur[a]nt.

"No [k]ids!" "There are no [p][l]aces we can go in."

"We are always w[e]lcom[e] at home!"

STEP 5 단어와 설명을 보고 알맞은 뜻을 쓰세요.

단어	설명	뜻
front	향하고 있는 방향과 일치하는 쪽은?	앞
restaurant	음식을 팔며 식사할 수 있는 장소는?	식당
kid	나이가 어린 사람을 뜻하는 말은?	아이
place	어떤 일이 일어나는 곳은?	장소
welcome	오는 사람을 기쁜 마음으로 반갑게 맞는 행동은?	환영받는

Day 25 134p

STEP 4 보기의 단어를 참고하여 빈칸에 알맞은 철자를 쓰세요.

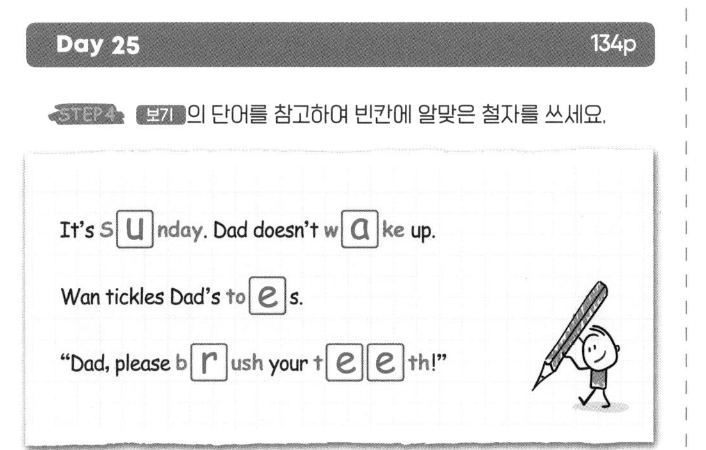

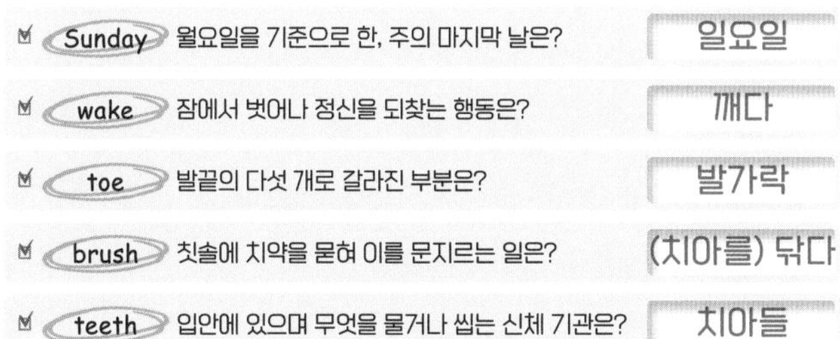

Review TEST 5 136 ~ 139p

TEST 1 다음 사진에 어울리는 단어를 바르게 연결하세요.

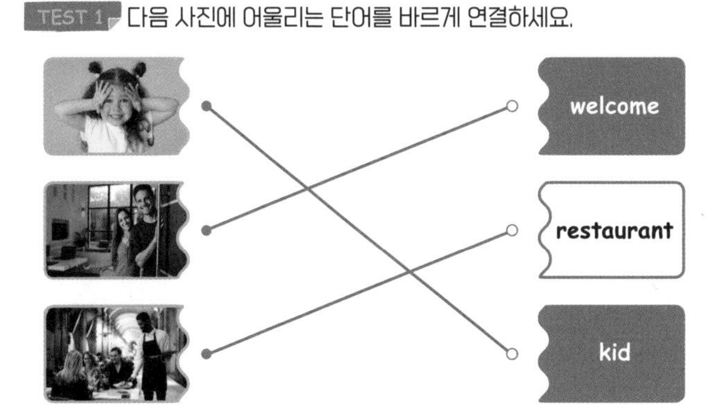

TEST 2 다음 상자에서 뜻에 알맞은 단어를 찾고 철자를 쓰세요.

TEST 3 다음 단어에 알맞은 뜻에 동그라미하세요.

TEST 4 다음 사진에 알맞은 단어의 철자를 순서대로 쓰세요.

TEST 5 다음 단어에 어울리는 사진과 뜻을 바르게 연결하세요.

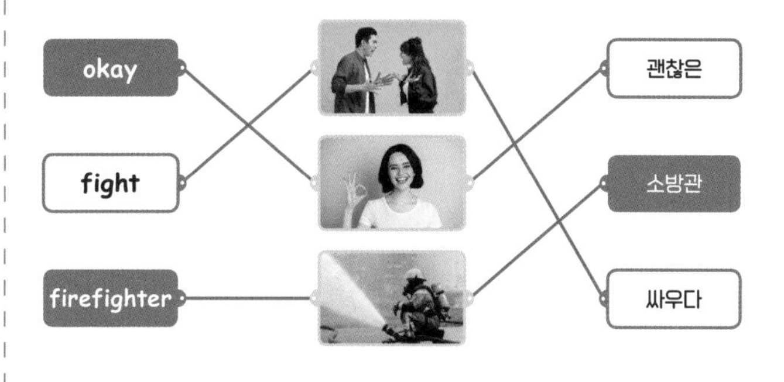

TEST 6 빈칸에 들어갈 단어를 보기에서 골라 넣으세요.

보기 front | welcome | restaurant | place | kid

TEST 7 이야기를 생각하며 다음 문장에 어울리는 단어에 동그라미하세요.

1 Wan takes | (falls) off his bicycle.

2 Wan and Mom are in (front) | back of a restaurant.

3 Dad doesn't sleep | (wake) up.

4 Wan tickles Dad's teeth | (toes) .

TEST 8 다음 상자에서 사진에 어울리는 단어를 찾아서 묶으세요.

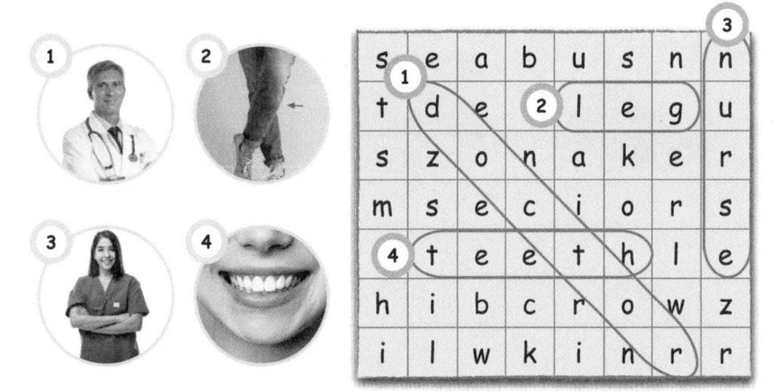

Day 26 142p

STEP 4 보기 의 단어를 참고하여 빈칸에 알맞은 철자를 쓰세요.

Dad brings a [c]ake and cand[l]es.

Sunny brings a c[a]rd. Wan brings a pre[s]ent.

"Make a wis[h], Mom!"

STEP 5 단어와 설명을 보고 알맞은 뜻을 쓰세요.

단어	설명	뜻
cake	초를 꽂기도 하며 특별한 날에 먹는 빵은?	케이크
candle	가운데 심지가 있어 불을 붙여 빛을 내는 물건은?	초
card	축하나 기념할 때 쓰는 편지보다 작은 종이는?	카드
present	고맙거나 축하하는 뜻으로 주는 물건은?	선물
wish	간절히 이루어지기를 바라는 것은?	소원

Day 27 146p

STEP 4 보기 의 단어를 참고하여 빈칸에 알맞은 철자를 쓰세요.

Grandma's house is really be[a]utiful.

A river f[l]ows beside the house.

There's a lak[e] nearby.

I go u[p] the h[i]ll and take a nap.

STEP 5 단어와 설명을 보고 알맞은 뜻을 쓰세요.

단어	설명	뜻
beautiful	즐거움과 만족을 줄 만큼 예쁘고 고운 것은?	아름다운
flow	물이나 공기가 이어서 움직이는 모습은?	흐르다
lake	땅이 우묵하게 들어가 물이 괴어 있는 곳은?	호수
up	높은 곳으로 움직여 가는 것은?	위로
hill	땅이 비탈지고 조금 높은 곳은?	언덕

Day 28 150p

STEP 4 보기 의 단어를 참고하여 빈칸에 알맞은 철자를 쓰세요.

"Rock, p[a]per, sciss[o]rs!"

Sunny w[i]ns!

Sunny thro[w]s paper, and Wan throws one finger.

"This is glu[e]!"

STEP 5 단어와 설명을 보고 알맞은 뜻을 쓰세요.

단어	설명	뜻
paper	주로 글을 쓰거나 그림을 그릴 때 쓰는 얇은 물건은?	종이
scissors	옷감, 종이, 머리털 따위를 자르는 기구는?	가위
win	내기나 싸움에서 재주나 힘을 겨루어 우위를 차지하는 것은?	이기다
throw	손에 든 물건을 멀리 날려 보내는 행동은?	던지다
glue	무엇을 붙이는 데 쓰는 물건은?	풀

Day 29 154p

STEP 4 보기 의 단어를 참고하여 빈칸에 알맞은 철자를 쓰세요.

"You have to go to sc[h]ool!"

"I'm l[a]te!"

Wan doesn't know if it is mo[r]ning or e[v]ening.

Mom smiles, "Dinner's r[e]ady."

STEP 5 단어와 설명을 보고 알맞은 뜻을 쓰세요.

단어	설명	뜻
school	선생님이 학생을 공식적으로 가르치는 곳은?	학교
late	정해진 시간보다 지난 때는?	늦은
morning	날이 새고 난 이후부터 정오까지의 동안은?	아침
evening	해가 질 무렵부터 밤이 되기까지의 동안은?	저녁
ready	미리 마련하여 갖추어진 것은?	준비가 된

Day 30 158p

STEP 4 보기 의 단어를 참고하여 빈칸에 알맞은 철자를 쓰세요.

Five pen[c]ils live in a pencil ca[s]e.

"Don't pus[h]!"

The e[r]aser is angry, so it runs away.

"Wan, so you don't know where your eraser is ag[a][i]n?"

STEP 5 단어와 설명을 보고 알맞은 뜻을 쓰세요.

단어	설명	뜻
pencil	흑연으로 심을 만들고 나무로 겉을 싼 필기 도구는?	연필
pencil case	필기구를 보관하는 물건은?	필통
push	뒤에서 힘을 가하여 앞으로 움직이게 하는 행위는?	밀다
eraser	글씨나 그림 따위를 지우는 물건은?	지우개
again	하던 일을 되풀이하는 행동은?	또, 다시

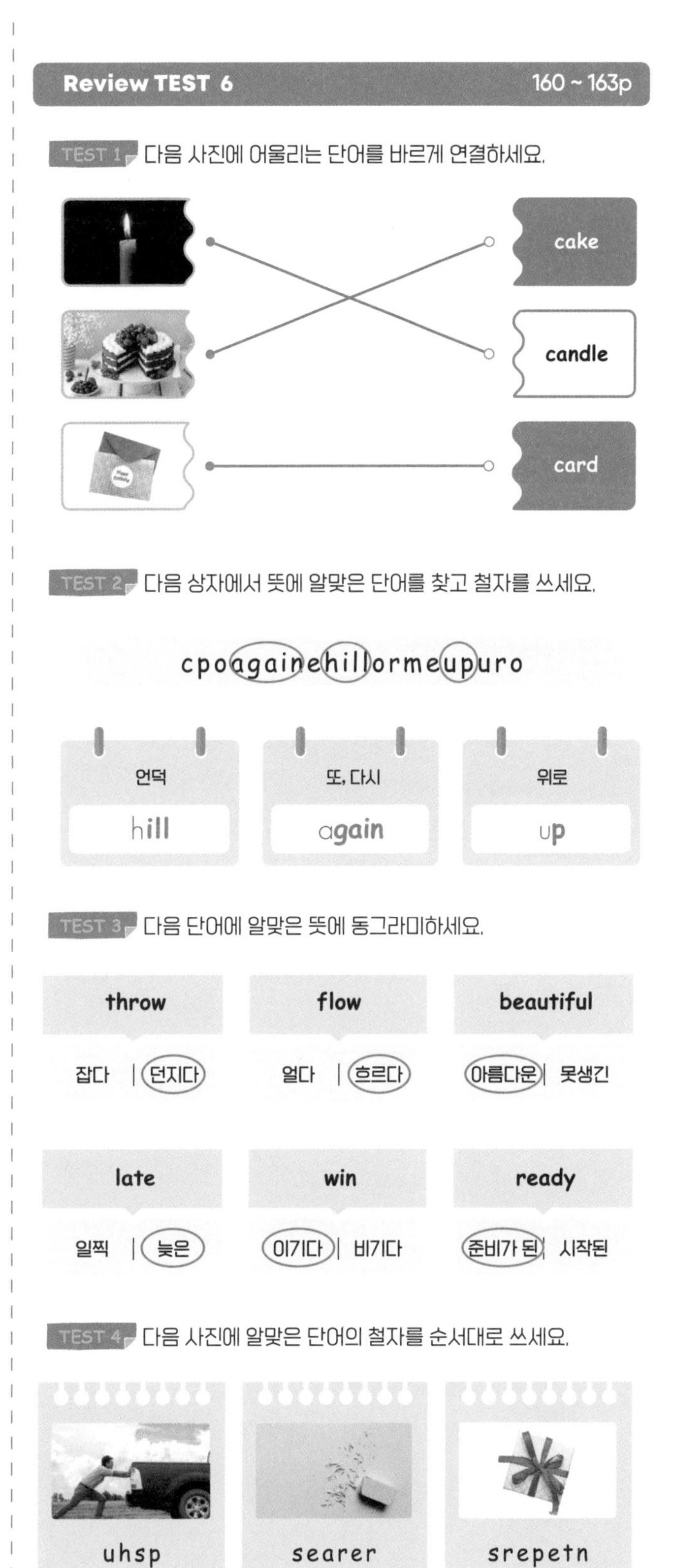

Review TEST 6 160 ~ 163p

TEST 1 다음 사진에 어울리는 단어를 바르게 연결하세요.

cake

candle

card

TEST 2 다음 상자에서 뜻에 알맞은 단어를 찾고 철자를 쓰세요.

cpoagainehillormeupuro

언덕	또, 다시	위로
hill	again	up

TEST 3 다음 단어에 알맞은 뜻에 동그라미하세요.

throw	flow	beautiful
잡다 | (던지다)	얼다 | (흐르다)	(아름다운) | 못생긴

late	win	ready
일찍 | (늦은)	(이기다) | 비기다	(준비가 된) | 시작된

TEST 4 다음 사진에 알맞은 단어의 철자를 순서대로 쓰세요.

uhsp	searer	srepetn
push	eraser	present

TEST 5 다음 단어에 어울리는 사진과 뜻을 바르게 연결하세요.

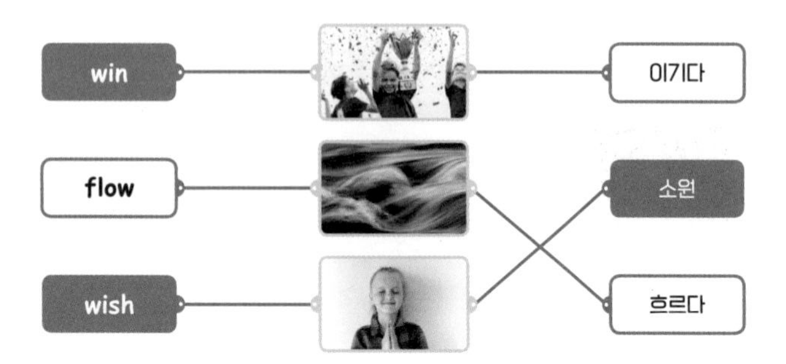

TEST 6 빈칸에 들어갈 단어를 보기 에서 골라 넣으세요.

보기 school | late | morning | evening | ready

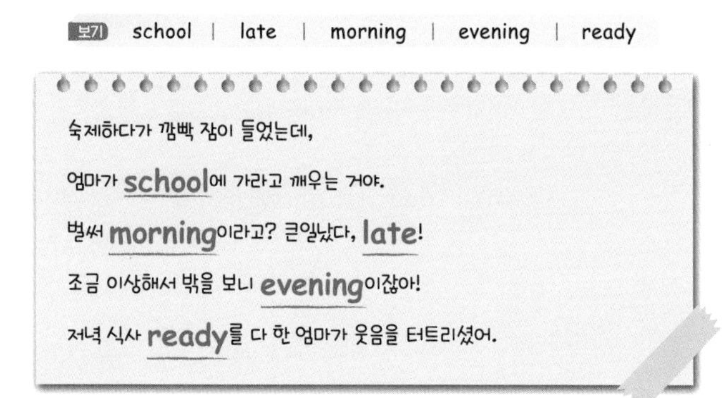

TEST 7 이야기를 생각하며 다음 문장에 어울리는 단어에 동그라미하세요.

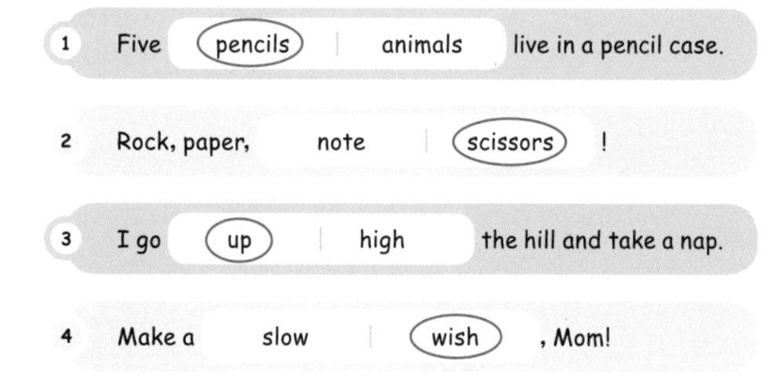

TEST 8 다음 상자에서 사진에 어울리는 단어를 찾아서 묶으세요.

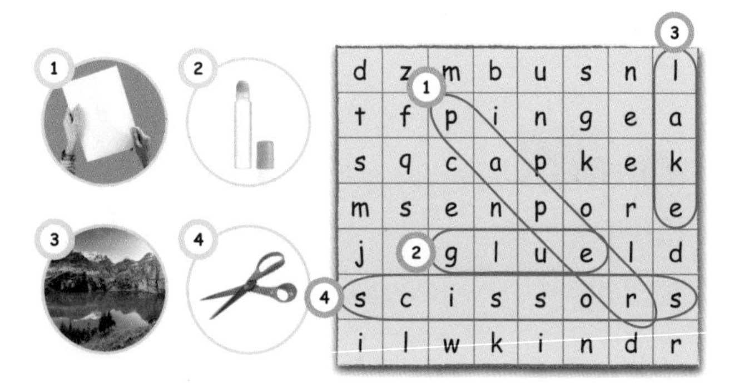

영단어 찾아보기

actor 배우
adult 어른
adventure 모험
afraid 겁나는
again 또, 다시
airplane 비행기
all over 곳곳에, 온 데
always 항상
ant 개미
architect 건축가
arm 팔
art 미술
ask 묻다
August 8월
away 다른 데로, 떨어져
awesome 멋진
baby 아기
back 등
bad 나쁜
bark 짖다
beautiful 아름다운
before ~전에
behind 뒤에
belt 허리띠
bicycle 자전거
big 큰
bird 새
birthday 생일
block 블록
book 책
boring 지루한, 재미없는
bracelet 팔찌
brave 용감한
bring 가져오다
brown 갈색(의)
brush (치아를) 닦다
build 짓다
busy 바쁜
button 버튼
by ~옆에
cafe 카페
cake 케이크
calm 침착한
camping 캠핑
candle 초
captain 선장
card 카드
carrot 당근
cat 고양이
change 바꾸다
chief 요리사
Christmas 크리스마스
classmate 반 친구
clean 깨끗한
clock 시계
cloudy 흐린
cold 감기
colored paper 색종이
colored pencil 색연필
compass 나침반
coo-coo 뻐꾹
cough 기침
country 시골
crayon 크레파스
crew 선원
crocodile 악어
cry 울다
dad 아빠
dancer 댄서
dark 어두운
December 12월
dentist 치과, 치과의사
dessert 디저트
dinner 저녁 식사
dirty 더러운
do homework 숙제하다
doctor 의사
doll 인형
dream 꿈
drive 운전하다
driver 운전사
duck 오리
eat 먹다
elevator 엘리베이터
English 영어
entertainer 연예인
eraser 지우개
evening 저녁
every time ~할 때마다
excellent 훌륭한
fall 떨어지다
fall off 떨어지다
famous 유명한
far 멀리
farmer 농부
February 2월
feel 느끼다
festival 축제
fever 열
field 들판
fifth 다섯 번째의
fight 싸우다
firefighter 소방관
first 첫 번째의
floor 층
flow 흐르다
foggy 안개가 낀
fourth 네 번째의
front 앞
fun 재미있는
funny 웃기는
game 게임
garden 정원
gave 줬다 'give(주다)의 과거'
gift 선물
giraffe 기린
glad 기쁜
glasses 안경
glue 풀
good 좋은, 착한
grass 풀
gray 회색(의)
great 위대한
guy 남자, 녀석
hairpin 머리핀
head 머리
headache 두통
hear 듣다
help 도와주다
hero 영웅
hill 언덕
holiday 휴가
homework 숙제
hunt 사냥하다
hurry 서두르다
hurt 다치게(아프게) 하다
if ~인지 아닌지
in ~안에
into ~안으로
jacket 재킷
January 1월
jump 뛰어오르다
June 6월
jungle gym 정글짐
kid 아이
kind 친절한
Korean (한)국어
lake 호수
late 늦은
later 나중에
leg 다리
light 밝은
live 살다
lonely 외로운
look 보다
loud 시끄러운, 큰

영단어 찾아보기

lunch 점심 식사
make 만들다
many 많은
math 수학
meal 음식
meow 야옹
messy 지저분한, 엉망인
moo 음매
morning 아침
mountain 산
music 음악
musician 음악가
nearby 가까운 곳에
necklace 목걸이
never 결코 ~않다
new 새로운
next to ~옆에
noise 소음, 소리
noon 정오
notebook 공책
now 지금
nurse 간호사
o'clock ~시, 정각
October 10월
okay 괜찮은
on ~위에
open 펼치다
orange 주황색(의)
painter 화가
paper 종이
peace 평화
pen 펜
pencil 연필
pencil case 필통
perfect 완벽한
pianist 피아니스트
pilot 비행기 조종사
pirate 해적
place 장소
plant 식물
playground 놀이터
please 제발
pocket 주머니
police officer 경찰관
pond 연못
present 선물
president 대통령
press 누르다
promise 약속하다
purple 자주색(의)
push 밀다
quack 꽥
quiet 조용한
rabbit 토끼
ready 준비가 된
rest 휴식
restaurant 식당
return 돌아오다
ring 반지
river 강
robot 로봇
ruler 자
rustle 바스락거리는 소리
sail 항해하다
scared 겁먹은
school 학교
science 과학
scientist 과학자
scissors 가위
second 두 번째의
seed 씨앗
see-saw 시소
senior 노인
shine 빛나다
sing 노래하다
singer 가수
sketchbook 스케치북
sleepy 졸린
slide 미끄럼틀
smile 웃다, 미소 짓다
snake 뱀
snowman 눈사람
snowy 눈이 오는
soldier 군인
someday 언젠가
something 무엇, 어떤 것
sound 소리
steak 스테이크
stop 멈추다
subway 지하철
sun 해
Sunday 일요일
sunglasses 선글라스
sunny 화창한
super 대단한
supper (간단한) 저녁 식사
sweater 스웨터
swim 수영하다
swing 그네
take a nap 낮잠 자다
teacher 선생님
teenager 청소년
teeth(tooth) 치아들(하나의 치아)
third 세 번째의
through ~을 통해서
throw 던지다
throw paper 보를 내다
tickle 간질이다
time 시간
today 오늘
toe 발가락
tomorrow 내일
tonight 오늘 밤에
toothache 치통
treasure 보물
tree 나무
trend 유행, 추세
trip 여행
turn (몸을) 돌리다
umbrella 우산
under ~아래에
up 위로
vacation 방학
valley 계곡
waist 허리
waiter 웨이터
wake 깨다
wallet 지갑
was ~였다 'is(~이다)의 과거'
wash 씻다
water 물
weekend 주말
welcome 환영받는
wild 야생의
win 이기다
window 창문
wish 소원
woof 멍(컹)
wrist 손목
writer 작가
yesterday 어제
zebra 얼룩말